武藤郁子

IKUKO MUTO

KANTO AND KOSHIN EDITION

はじめに

神社にお参りすると、心が安らぐと感じる人は多いでしょう。にぎやかな繁華街に鎮座する神社でも、境内(けいだい)に一歩進めば一転し、静かな雰囲気にほっとします。よく考えたら、これは実に不思議なことです。そのように感じるのは、私たちが日本文化の中に生きてきた日本人だからでしょうか。それとも別に〝理由〟があるのでしょうか。

そんな疑問を抱きつつお参りする中で、境内に縄文遺跡がある神社にたびたび出会いました。当初は偶然かと思いましたが、そんな神社には、地形や雰囲気に共通点があるのです。試しに遺跡の内容を調べてみると、そのほとんどに祈りの痕跡が出土していました。縄文の人々も、私たちと同じか、近い場所でお祈りしていたのです。

縄文時代と今では地形や気候も変化しています。しかし、「日本列島に生きる」、そして「人間という生きものである」という点は変わりません。縄文時代の人々も、私たちと同じように泣いたり笑ったり、一生懸命生きていたでしょう。だとしたら、心地よいと感じる場所や、祈りたくなる場所も変わらないのではないか……。私は、これは偶然ではなく、必然だと考えるようになったのです。そして〝縄文遺跡と神社が重なっている場所〟を、敬意をこめて、「縄文神社」と呼ぶことにしました。

「縄文神社」は、縄文時代から今に至るまで、人々の祈りがつながってきた奇跡のような場所です。そう想像したら、自分は一人ではないと感じ、心が温かくなりました。奥底から力が湧いてきて、目の前の世界がぐっと鮮明になった気がしたのです。

私はこの感覚を確かめたくて、各地の神社に参拝を重ねています。ご好評いただいた前作『縄文神社　首都圏篇』から合計すると、３０９社を数えます。本書では、その中から北関東（茨城県・栃木県・群馬県）、長野県南部と山梨県、そして前作でも取り上げた東京都、埼玉県、千葉県、神奈川県も加え、特にお薦めしたい64社をご紹介していきます。

神社はいずれも清々（すがすが）しく気持ちのよい場所ですが、「縄文神社」には格別な心地よさがあります。お参りすると、悩みがぱっと解決されるというよりも、自分の本来の力に気づいて、立ち向かうための心の強さを取り戻せるような感覚があるのです。ぜひ皆さんも、「縄文神社」と出会い、そんな感覚を味わっていただきたいと願っています。

２０２３年　10月

武藤郁子

もくじ

じょうもんじんじゃ

PART ①

茨城・栃木・群馬の縄文神社 ― 31

【茨城県】

【栃木県】

PART ②

東京・埼玉・千葉・神奈川の縄文神社 131

PART ③

長野・山梨の縄文神社

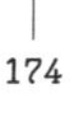

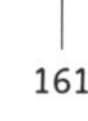

◎【山梨県】

プロローグ

縄文神社とは?

―縄文神社の基礎知識―

PROLOGUE

縄文時代の祈りと神社

神社の根源に眠る縄文の信仰

「縄文神社」は、〝縄文遺跡と神社(1)が重なっている場所〟です。私たちにとって最も身近な聖地である〝神社〟と〝縄文〟文化に、関係はあるのでしょうか。

一般的に、「神社」の源流は、弥生時代にあるとされています。そのため縄文文化とは分けて考えられることが多いのです。しかし、神社を「祈りの場所」として考える上では、分けなくていいのではないかと、私は考えています。

確かに、縄文晩期から気候変動が起きて人口が激減し、地域によっては断絶しています。この大変動によって、水稲栽培による村落を中心とした弥生時代へと移行していきます。しかしこの変化は、「稲作

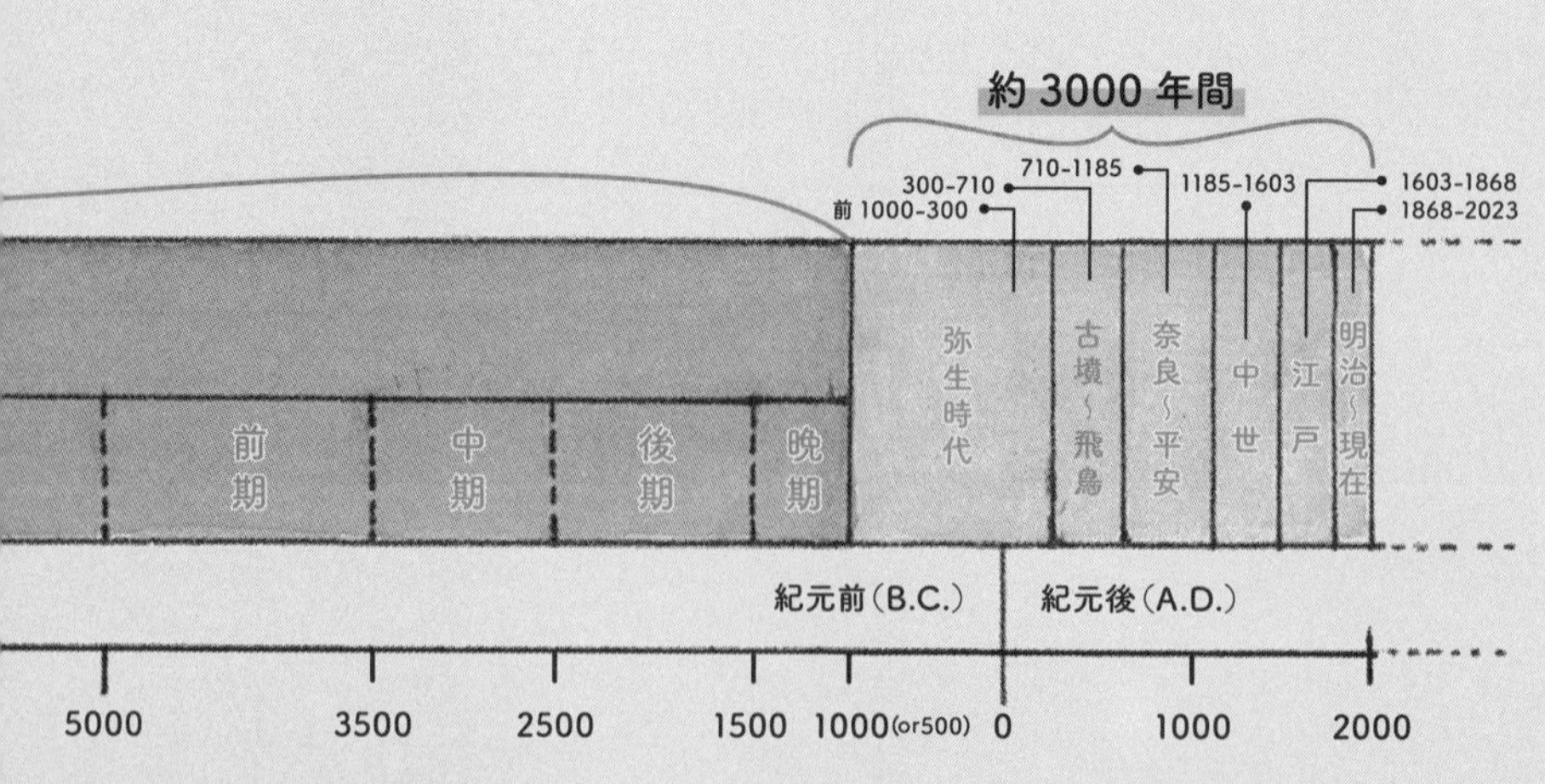

文化を持つ渡来人がやってきて、縄文人を滅ぼした」というわけではないのです。数百年かけて、徐々に新しい農法や文化が採用されていったことがわかっています。「神社」は、そんな変化の中、外来文化に触発されて整えられていったもので、日本列島人——縄文の人々の祈りのエッセンスが、土台になっていると思います。

縄文時代は1万年以上続いた時代です。その後は、弥生時代以降すべて足しても、3000年（一説に2500年）にすぎません(2)。この圧倒的なボリュームを考えると、日本文化に対する縄文文化の影響は、相当に大きいはずです。時代は変わっても、縄文的な心のありようや祈りの本質が、人々の心の奥底に息づいてきたと考えるのは、自然ではないでしょうか。

「縄文神社」を巡拝（じゅんぱい）していると、この構造は今も変わらないと感じます。時代によってお寺になったり、御祭神の名前が変わったりしますが、人々が大切にしている聖なる存在が祀（まつ）られ、お祈りされてきたという点は変わりません。そして、お祀りする「方法」が、時代に合うスタイルに、アップデートされてきたということなのです。

また、実際に各地の神社を訪ねてみると、縄文の祈りを継承している

縄文スケール

日本列島史のイメージをざっくりとつかんでいただくために「縄文スケール」にしてみました。日本列島に人が暮らし始めたのは約3万5000年前で、それ以降の2万年（旧石器時代）を除くと、縄文時代の存在感は圧倒的です。

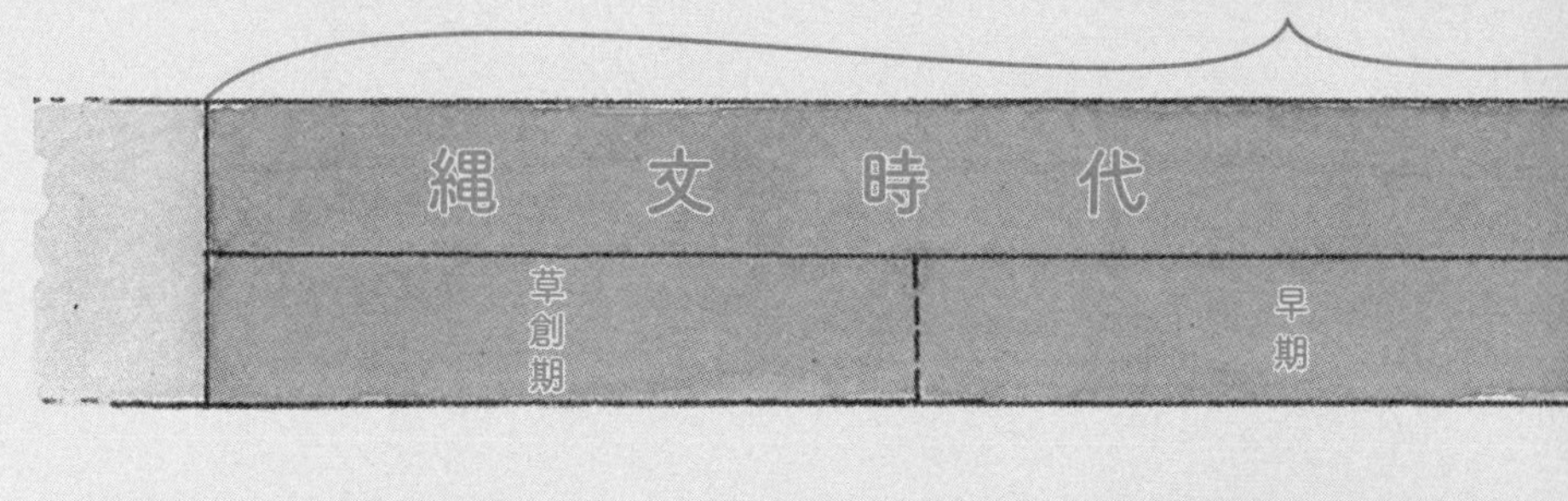

（『埼玉の考古学入門』などを元に作成）

と語り継いでいる神社も、少なからず存在しています。その代表格が、長野県の「諏訪大社」でしょう。縄文に由来するとされる諏訪の神「ミシャグジ」や「チカト」神(3)への信仰を含め、八ヶ岳と諏訪湖を中心とした諏訪信仰を束ねる諏訪大社は、独自の文化を保持し続けているお社です。

そして公式に言っていない場合でも、「縄文時代から祈りがあった場所と考えている」と話してくださる神職の方もいました。そう話してくださったのは、境内から縄文の遺物が出土するということもありますし、実際にお祀りしているからだろうと思います。

境内には、縄文由来と考えられる神々――ミシャグジ（石神）やチカト神、アラハバキ神(4)を祀る摂社(5)が鎮座していたり、縄文時代の石器や土器が、御神体や神器として伝承されていることがよくあるのです。すべてのお社でというわけではありませんが、本書でご紹介する関東・甲信地域では、たびたび出会った現象です。

圧倒的遺跡数の関東と縄文文化の最高峰・甲信

縄文神社を探すために、縄文遺跡のリサーチを始めた時のこと。縄文遺跡の数と遺跡密度を示す表を見て、驚きました。「関東地方」が圧倒的に高い数値だったのです。前作でもお伝えしましたが、縄文時代というと東北や長野県の印象が強く、関東地方がこれほど多いとは気づいていませんでした。

(1) 神を祀る所。古くはヤシロ(社)、ミヤ(宮)、モリ(杜)とも呼ばれた。

(2) 弥生時代の開始時期には諸説あり、紀元前1000年頃とする説と、紀元前500年か400年頃とする説などがある。

(3) PART3で詳述。

(4) 荒脛巾、荒波々伎とも書く。門客人神社に祀られることも多い。

(5) 本社の主祭神とゆかりの深い神を祀る神社をいう。また本社に属する小社を末社と呼ぶ。

さらに遺跡密度を見ていくと、関東の次に高いのは東海、次に東北です。私が「縄文と言えば」と連想していた長野県が属する「中部山国」（長野県・山梨県・岐阜県）は5位でしたが、縄文時代の推定人口を見てみると、中期までは関東に次いで2位に入っています。

長野から山梨にかけての八ヶ岳を中心とした標高の高い地域は、太古から黒曜石鉱山を擁する高度な文化圏を形成しており、「中部高地」と呼ばれます。

この地域に出土する土偶や土器の芸術性の高さは有名で、現在国宝に指定されている土偶5体のうち、2体が中部高地（いずれも長野県茅野市）から出土したものなのです。

特に中期の遺物は縄文芸術の最高峰、縄文文化の到達点と称えられています。時期によって変化はあるものの、関東からこの中部高地を含む甲信地方は、縄文文化の中心地だったと考えられます。

縄文遺跡数と遺跡密度

（論文「縄文遺跡の立地性向」枝村敏郎・熊谷樹一郎、表一：奈良文化財研究所収録地方別縄文遺跡数および遺跡密度（／1000k㎡）を元に作成）

地方	東北	関東	北陸	中部山国	東海	近畿	中国	四国	九州
遺跡数	6542	10852	824	1257	2748	1235	1004	169	2932
遺跡密度	102.0	337.6	37.3	46.5	220.7	37.5	31.6	9.0	69.5

縄文時代、弥生時代の人口

（小山修三『縄文時代』中公新書を元に作成）

	早期	前期	中期	後期	晩期	弥生
東北	2,000	19,200	46,700	43,800	39,500	33,400
関東	9,700	42,800	95,400	51,600	7,700	99,000
北陸	400	4,200	24,600	15,700	5,100	20,700
中部	3,000	25,300	71,900	22,000	6,000	84,200
東海	2,200	5,000	13,200	7,600	6,600	55,300
近畿	300	1,700	2,800	4,400	2,100	108,300
中国	400	1,300	1,200	2,400	2,000	58,800
四国	200	400	200	2,700	500	30,100
九州	1,900	5,600	5,300	10,100	6,300	105,100
全国	20,100	105,500	261,300	160,300	75,800	594,900

縄文神社を探しに行こう！

縄文神社が鎮座する「縄文ロケーション」

縄文神社が鎮座する場所には、共通した地形や環境があります。私はその典型的なロケーションを、「縄文ロケーション」と呼んでいます。

「縄文ロケーション」は、左の図のような地形です。試しに、本書でご紹介している縄文神社に参拝してみてください。すると、どの神社も「縄文ロケーション」に位置していることが実感できると思います。一度実感すると、通りすがりに出会う神社でも、「このロケーション……ということは、縄文神社？」とぴんと来るようになるのです。そして、何とはなしに地図を見ていても、「こういう場所にはきっとあるぞ」なんて予想できるようになります。これがまた楽しいのです。

今回はご紹介できなかった関西、東海や東北、九州地方でも、この「縄文ロケーション」は、共通していると考えています。地域的な違いはあると思いますが、どうして

縄文ロケーション

縄文神社が鎮座する典型的なロケーションは、縄文の人々が好んだ地形・環境です。日当たりと風通しがよく、空気が澄んでいます。水場へのアクセスもよく安全で、現代に生きる私たちにとっても、居心地のよい場所です。

①湧水がある山麓や台地崖下

②見晴らしのよい台地（河岸段丘、海岸段丘※1）の上

③水辺に突き出した土地の先端（崎、内湾の岬）

④霊山の形が綺麗に見える丘陵や自然堤防※2 の上

⑤岬の先にある島や湖沼の中の島

※1 段丘… 流路の変化や浸食、土地の隆起で古い河床が現在の河床より高くなり、台地になったもの。

※2 自然堤防… 洪水時に流されてきた砂礫や泥などが堆積して形成される微高地。

違うのかを考えるのも、また楽しい。ぜひ日本中で、「縄文神社」を探してみていただきたいと思います。

また、ご存じの方も多いと思いますが、縄文時代と今の地形はかなり違います。現在は平野の真ん中でも、縄文時代には海の底……なんてことがよくあるのです。その点も考慮に入れる必要があります。

縄文時代には現代よりも気温が高い時期があり、かなり内陸まで海岸線が入り込んでいました。もっとも海進(6)が進んだ7000~6000年前（縄文前期頃）の関東地方の様子を20ページに再現してみました。これを見ると、荒川流域では、渡良瀬川遊水地の周辺までが海（奥東京湾）で、入間川流域も埼玉県川越市付近まで海が来ています。利根川流域も内海が大きく入り込み、房総半島はギザギザとえぐれて、ほぼ島のような半島でしたし、外洋に接する鹿島灘周辺も細長い半島で、現在の北浦や霞ヶ浦はひとつながりの内湾（古鬼怒湾）を形成していました。

また内陸部の場合は、火山活動が大きく影響してきます。特に縄文時代以降に噴火を繰り返した榛名山や浅間山のある群馬県や長野県、富士山を擁する山梨県では、人が住めなくなって空白の期間が生じたり、河川流路や湖沼の位置に変化がありました。

（6）海水面が上昇し、陸地に海水が進入することを「海進」、海水面が下降し、海底が陸地化することを「海退」という。約1万年前から始まった最終氷期後の海進は、日本では「縄文海進」と呼ばれる。

縄文時代の様子を想像してみる

「縄文神社」は、このような変化の影響を受けにくい場所に位置しています。例えば、海に近い地域の「縄文神社」の鎮座地は、外洋に接していることは少なく、縄文時代には内海が入りこんで岬だったと考えられる丘陵の崎の上や、海から少し離れた谷頭（水源の近く）に位置しています。

また内陸部では、河川の本流域ではなく、支流の河岸段丘の上や水源近く、丘陵・自然堤防の上などに、活火山の山麓の場合には、奇跡的に火砕流や溶岩流が流れてこなかった場所に位置しています。そんなことも踏まえて、「縄文神社」を探してみましょう。

そして、「縄文神社」にお参りする際に、ぜひともお勧めしたいことがあります。それは、具体的に〝縄文時代の様子〟を想像してみること。このあたりまで海が来ていたのか。傍らに流れる川はもっと川底が浅く、距離ももっと近かったかもしれない。ちょうど日が沈む方向に奇麗な山が見えるな……。そんなふうに縄文の地形や、縄文の人々が見ていたかもしれない光景を想像してみます。すると、この地がどうして大切にされてきたのかが、すとんと腑に落ちてくるのです。

このように縄文時代の様子に思いを馳せると、長い時を経て、祈りが継続されて今につながっていると感じられます。穏やかな「縄文神社」の背景にある時の流れが、じわじわと足元から自分へと伝わってくるような気がするのです。

縄文 MAP

7000 年前頃の海岸線地図

●本図は国土地理院が提供するWEB サイト・地理院地図の「自分で作る色別標高図」を基に、『海と貝塚　〜関東地方の貝塚を探る』（埼玉県富士見市立水子貝塚資料館）を参考にして作成しました。

⛩ マークは本書で取り上げている神社

鹿嶋神社（玉田町）
押原神社
祖母井神社
御岩神社
泉神社
大甕神社
板倉神社
中根八幡神社
藤岡神社
野爪鹿嶋神社
大宝八幡宮
折居神社
若海香取神社
三ヶ尻八幡神社
高負彦根神社
塩釜神社
沼尾神社
坂戸神社
鹿島神宮
跡宮
三輪茂侶神社
奥東京湾
古入間湾
古鬼怒湾
駒木諏訪神社
諏方神社
渋谷氷川神社
上目黒氷川神社
石神神社
長尾神社
野川神明社
神明山天祖神社
熊野神社
橘樹神社

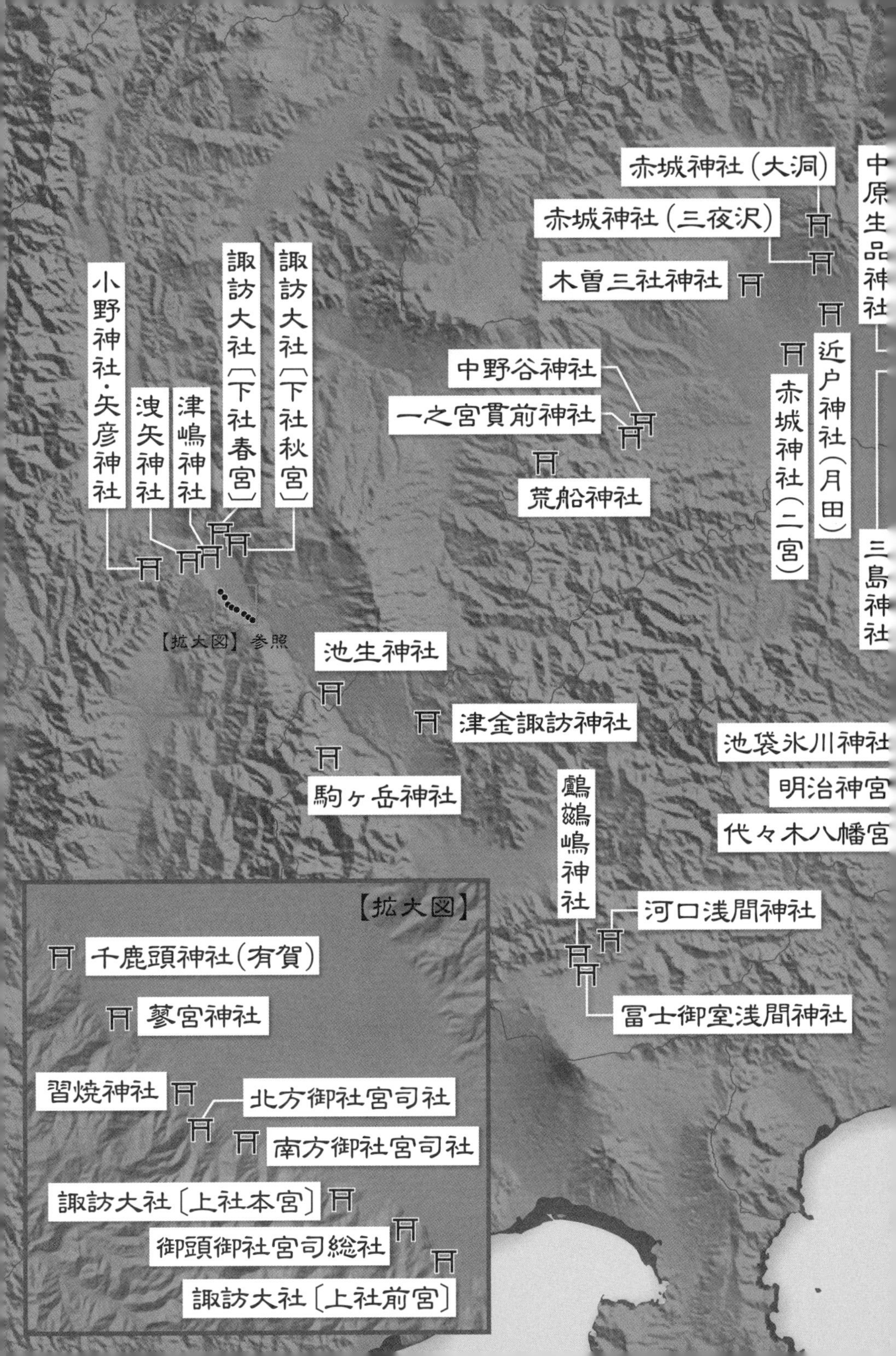

赤城神社（大洞）
赤城神社（三夜沢）
木曽三社神社
中原生品神社
近戸神社（月田）
赤城神社（二宮）
三島神社
中野谷神社
一之宮貫前神社
荒船神社
諏訪大社〔下社秋宮〕
諏訪大社〔下社春宮〕
津嶋神社
洩矢神社
小野神社・矢彦神社
【拡大図】参照
池生神社
津金諏訪神社
駒ヶ岳神社
池袋氷川神社
明治神宮
代々木八幡宮
鸕鷀嶋神社
河口浅間神社
冨士御室浅間神社

【拡大図】
千鹿頭神社（有賀）
蓼宮神社
習焼神社
北方御社宮司社
南方御社宮司社
諏訪大社〔上社本宮〕
御頭御社宮司総社
諏訪大社〔上社前宮〕

縄文の信仰観と「死」への意識

聖なる世界を循環する生命（いのち）

縄文の人々は、すべてのものに生命があると考え、祈りを捧げていました。中でも特に信仰したのは、太陽、山や水源（湧水）、樹木、火、大地といった自然神、そして祖先の霊魂（祖霊神）でした。このような世界観はアニミズムといいますが、現代の日本にも息づいています。それが神道に代表される日本の信仰観です。「八百万（やおよろず）の神」と言い、数えきれないほど多くの神々がいると考え、神社に祀られています。

私たちはそれを自然なこととして受け入れていますね。この感覚は、縄文時代にまで遡（さかのぼ）る聖なるものに対する感性だと思います。このように私たちの中には、縄文の人々と同じような祈りが、しっかりと息づいているのです。

一方、一点だけ、決定的に違う点があります。それは「死」のとらえ方。私たちにとって、「死」は忌むべきものです。例えばお墓を作る時も、集落のはずれのような、あまり目につかない場所に安置します。しかし、縄文の人々は、集落の真ん中や、日当たりがよい、人目につく場所に置きました。

だからと言って、「死」が怖くないというわけではなかったでしょう。ただ生命の営みとして、受け入れていたんだろうと思います。

縄文遺跡に「貝塚」(7)がありますが、これは単なるゴミ捨て場ではありません。装身具や祭祀具(さいしぐ)、人や動物の遺体を葬った例(8)も確認されており、この世での役割を終えた「命(霊魂)」を送る「送り場」でした。「命」は、この世とあの世を循環していきます。この世の役割を終えてもあの世に行き、また巡ってくるものでした。そんな縄文の世界観からすると、「死」は、すべての生物や無生物に訪れる〝終わりで始まり〟なのです。

私たちも、縄文の人々のように、「死」をとらえられたらいいなと思います。怖い、不吉だといやがっても、すべての人が必ず経験する大切な瞬間です。大いなる流れの中に自分もいて、大きく循環していく……。そう考えたほうが、楽しいと思うのです。

このような発想の転換をする場としても、「縄文神社」は最適だと思います。縄文の人々と、祈りという行為を通じてシンクロし、自分も〝世界の一部〟だと、想像してみましょう。

(7) 貝殻の炭酸カルシウムによる中和作用で、骨などの遺物が保存される。他に「土器塚」や「クルミ塚」もあり、縄文の人々が様々なものを大切に送ったことが想像される。

(8) 67ページに紹介する若海香取神社の境内に出土した若海貝塚からは、約170㎝もある男性遺体(中期)がほぼ完全体で発見されている。

縄文の神と祈りの道具

道具に施された神のイメージ

縄文の神とは、どのような姿だったのでしょうか。現在でも日本の神々は、山や川、樹木、岩石のような自然そのものであったり、先祖の霊や、エネルギーの塊のような存在で、その姿を具像的に表現されることはほとんどありません。縄文の人々も、同じように抽象的な神のイメージを持っていたと考えられます。

しかし、土偶や土器には蛇や蛙（かえる）、ヒトやイノシシといった具象的な表現があり、その中に神のイメージを見ることができます。そこから、縄文の人々が抱いていた神のイメージを想像してみましょう。

土偶

◀▲藤岡神社遺跡出土（栃木市教育委員会提供）

藤岡神社遺跡（縄文前期～晩期）からは、土偶が205体も出土しました。関東地方発祥のハート形土偶、山形土偶、ミミズク土偶などが見られ、いずれもどこかしら割れています。

土偶

草創期に出現し、1万年にわたって作られた祭祀具で、各時代・各地で多彩なデザインが出現しています。女神を表現している、あるいは人間を超えた存在（精霊）をイメージしていると考えられています。また割れた状態で出土することが多く、故意に壊した説と、自然に壊れたものを埋葬した説とがあります。

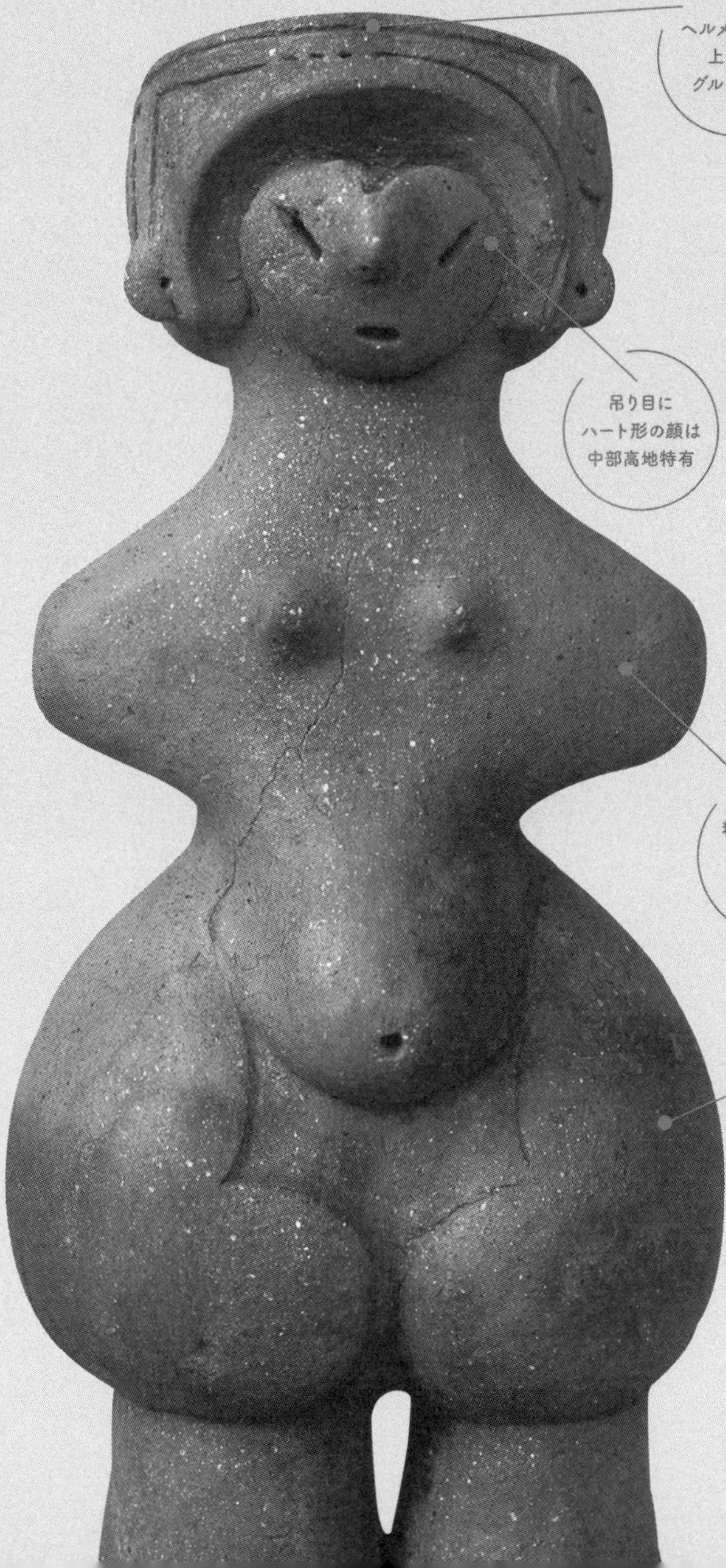

ヘルメット（?）上部にはグルグル紋様

吊り目にハート形の顔は中部高地特有

粘土に雲母が入っていてお肌キラキラ

プックリお腹とふくよかなお尻

岩偶

▲厨台遺跡群出土（鹿嶋市どきどきセンター蔵）

石で作られた人形を岩偶といい、東北地方を中心に後期以降作成されました。

縄文のビーナス

◀棚畑遺跡出土（茅野市尖石縄文考古館蔵）

2本の足で自立できる大形土偶で、国宝に指定されています。集落の中央に完全体で埋葬されていました。

釣手土器

中に火を入れた跡があるため、香炉や照明具のような実用性も兼ね備えた祭祀具と考えられます。石棒や石柱（立石）といっしょに出土することが多いようです。

▲穴場遺跡出土（諏訪市博物館蔵）
釣手に3匹の蛇装飾がある。

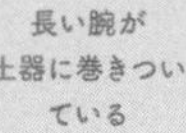

▲曽利遺跡出土（井戸尻考古館蔵）
把手に女神の顔があり、
人面香炉形土器とよばれる。

▲藤内遺跡出土（井戸尻考古館蔵）

神像筒形土器

筒状の土器に神が抱きついているような、不思議なデザインです。（詳しくは220ページ）

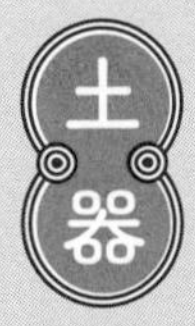

縄文土器は世界最古級の土器です。時代や地域によって様々なスタイルがあり、オリジナル作成エリアから、遠く離れた地域にも輸送されていたり、デザインが伝播（でんぱ）して似たようなものが作られたりしています。道具として使われるだけでなく祭祀具でもあり、抽象的な文様や、ヒトや蛇、蛙、イノシシなどの装飾が刻まれています。

結った髪

顔面把手付土器

縄文文化の最盛期とされる中期には、デコラティブでゴージャスな土器が作られました。顔面把手付土器は関東甲信地方で作られた特徴的な土器で、祭儀に用いられたと考えられます。

母神の顔

御子神の顔

▲海戸遺跡出土（岡谷美術考古館蔵）
吊り上がった目に小さな口の顔面把手はとても大きく、外側に向かって造られている。
（詳しくは212ページ）

▲津金御所前遺跡出土（北杜市教育委員会提供）
子供が生まれてくる瞬間を表現していると考えられ、出産文土器とも呼ばれる。
（詳しくは230ページ）

石棒

縄文を代表する祭祀具で、土偶と双璧を成します。男性を象徴し、出産や豊穣を祈るための祭祀具と考えられます。前期後半以降、東日本を中心に各地で作られ、中期には大形石棒が出現。その後も様々なデザインの石棒が作られました。祭祀方法も立てたり横にしたり、火にくべたり、水につけたりと様々です。欠損したり、折れた状態で発見されることが多いようです。

▲全長160cmの大形石棒。山之上遺跡出土（茨城県鹿嶋市、鹿嶋市どきどきセンター蔵）。山之上地区には坂戸神社がある。（詳しくは48ページ）

▲石槌とも呼ばれる大形石棒。小野神社周辺で出土（長野県塩尻市、小野神社資料館蔵）。（詳しくは214ページ）

祭祀のセッティング例

石棒・石皿・球石

天神原遺跡（安中市）で出土した石棒祭祀遺構（晩期）に設置されていたセットで、「ご神体」と呼ばれています。球石は丸く成型後、オレンジ色に染色されていました。

（安中市学習の森 ふるさと学習館蔵）

Photo T.Ogawa

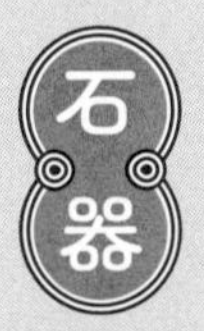

石棒のほかにも、球石（丸石）、独鈷石、石冠といった実際にどう使われたかわからない石器が多数出土し、それらは祭祀具と考えられています。また実用品の石皿や石斧、石鏃（石の矢じり）なども祭祀具として用いられました。石器の多くは「神を降ろす依り代」であり、特に「祖霊」を降ろす祭祀具だったのではないかと筆者は考えています。

石皿・凹石・磨石

どんぐりなど（堅果）を砕くための道具。石皿はすり鉢や臼、凹石や磨石はすりこ木のように使われました。同時に、女性を象徴する祭祀具としても用いられたようです。

▶中野谷松原遺跡出土（安中市学習の森 ふるさと学習館蔵）

多孔石

錐もみで作られた穴がたくさんある石。堅果類を固定するための道具とする説と、女性を象徴する祭祀具とする説があります。

▶明神前遺跡出土（鹿沼市教育委員会提供）

独鈷石

後期末以降、東日本を中心に作られた石器。形が仏教法具の独鈷に似ているためにこの名がつけられました。

▶藤岡神社遺跡出土（栃木市教育委員会提供）

丸石

山梨県では現在も道祖神として丸石を祀っています。縄文遺跡からも丸石は出土しており、そのルーツは縄文まで遡る可能性が高いと考えられます。

（詳しくは236ページ）

▶姥神遺跡出土（北杜市教育委員会提供）

PART ① 茨城・栃木・群馬の縄文神社

IBARAKI
TOCHIGI
GUNMA

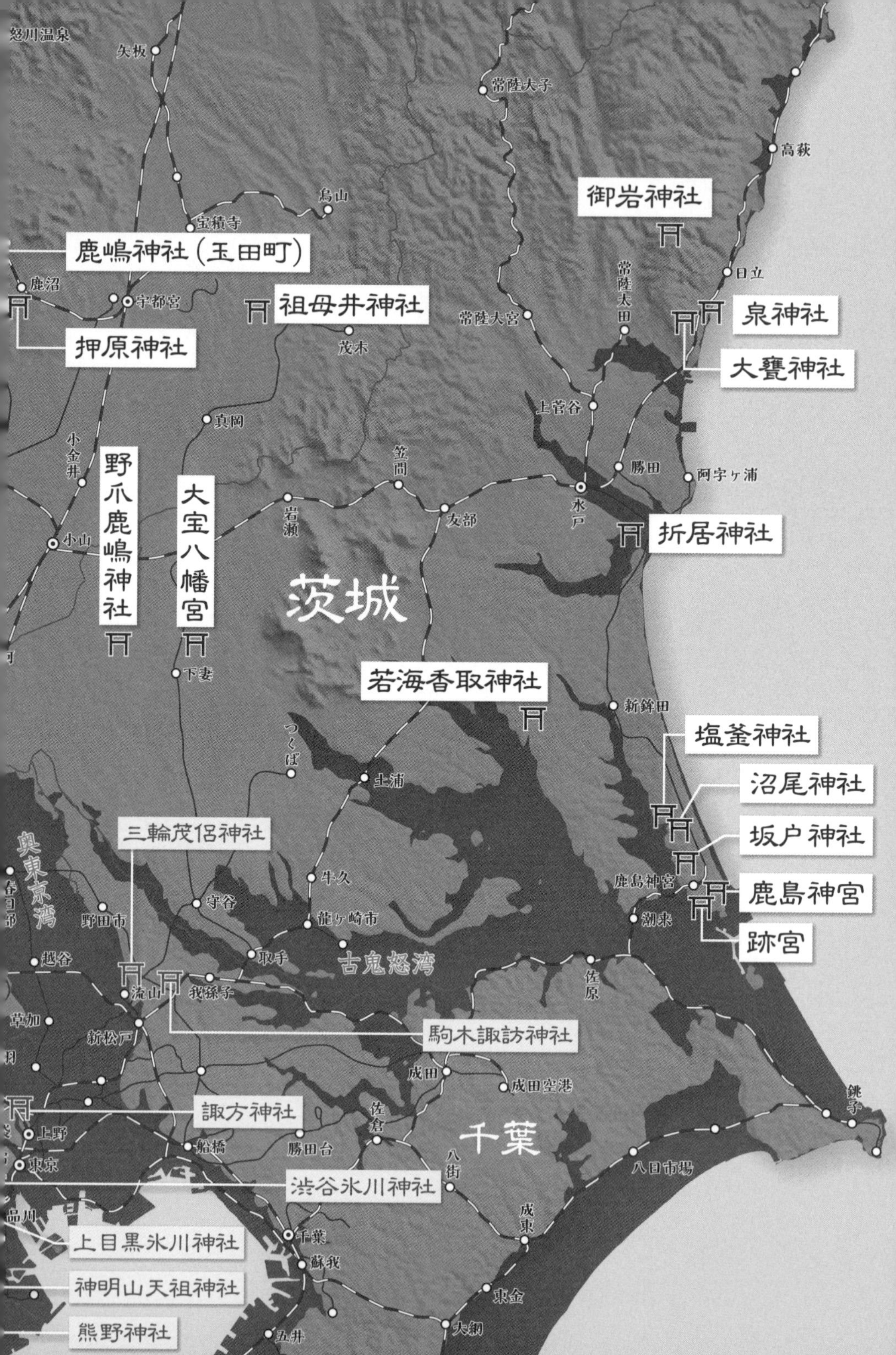

茨城
千葉
御岩神社
鹿嶋神社（玉田町）
祖母井神社
押原神社
泉神社
大甕神社
野爪鹿嶋神社
大宝八幡宮
折居神社
若海香取神社
塩釜神社
沼尾神社
坂戸神社
鹿島神宮
跡宮
三輪茂侶神社
駒木諏訪神社
諏方神社
渋谷氷川神社
上目黒氷川神社
神明山天祖神社
熊野神社
奥東京湾
古鬼怒湾
怒川温泉
矢板
常陸大子
高萩
烏山
宝積寺
日立
鹿沼
宇都宮
常陸太田
常陸大宮
茂木
上菅谷
真岡
小金井
笠間
勝田
阿字ヶ浦
水戸
岩瀬
友部
小山
下妻
新鉾田
つくば
土浦
牛久
鹿島神宮
守谷
龍ヶ崎市
潮来
野田市
越谷
取手
佐原
流山
我孫子
草加
新松戸
成田
成田空港
銚子
上野
佐倉
船橋
勝田台
八街
八日市場
東京
成東
品川
千葉
蘇我
東金
大網
五井

茨城・栃木・群馬

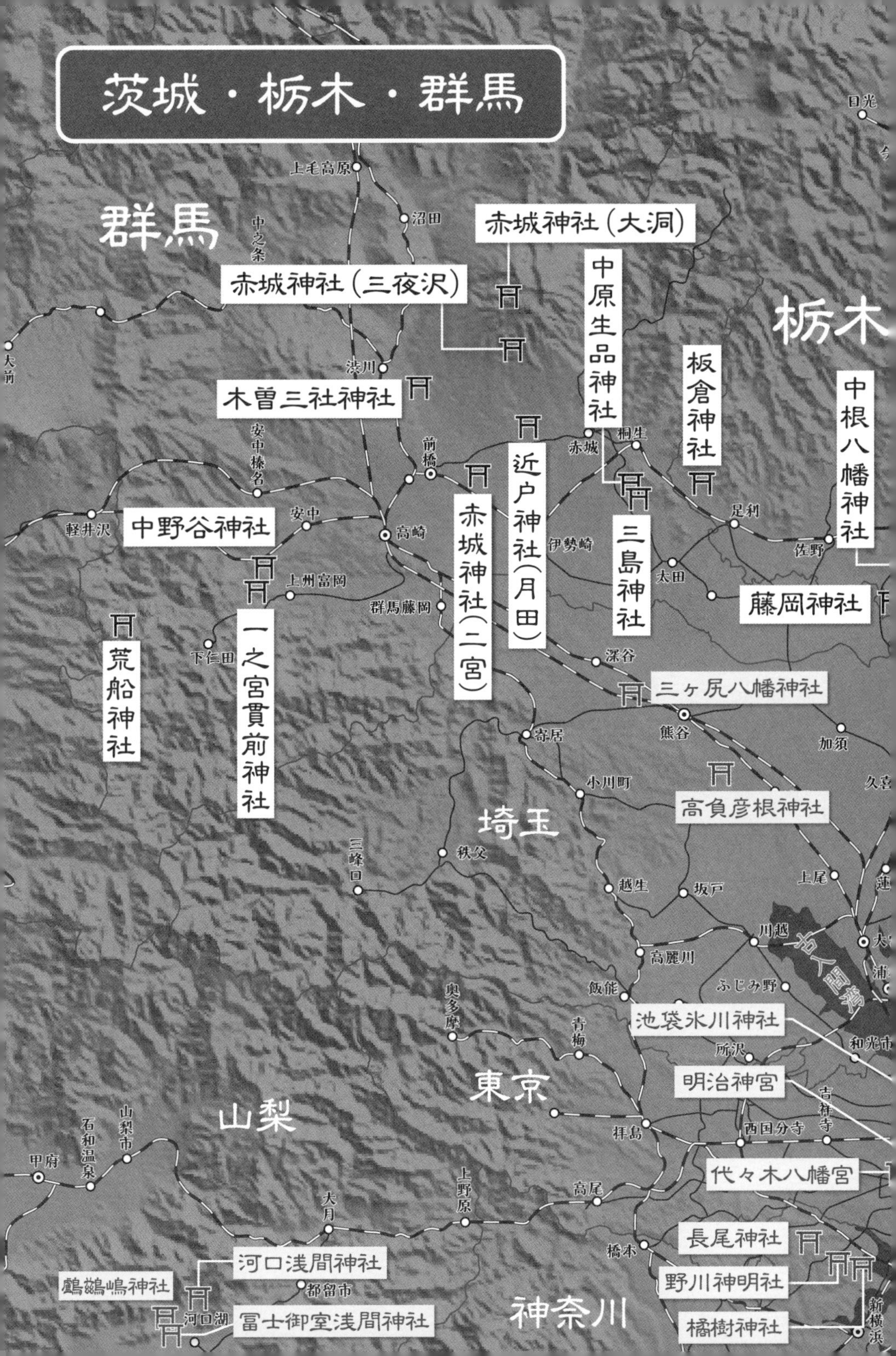

群馬
栃木
埼玉
東京
山梨
神奈川
赤城神社(大洞)
赤城神社(三夜沢)
中原生品神社
板倉神社
中根八幡神社
木曽三社神社
近戸神社(月田)
赤城神社(二宮)
三島神社
中野谷神社
藤岡神社
一之宮貫前神社
荒船神社
三ヶ尻八幡神社
高負彦根神社
池袋氷川神社
明治神宮
代々木八幡宮
長尾神社
野川神明社
橘樹神社
河口浅間神社
鸕鷀嶋神社
冨士御室浅間神社
日光
上毛高原
沼田
中之条
大前
渋川
安中榛名
前橋
赤城
桐生
軽井沢
安中
高崎
伊勢崎
足利
佐野
太田
上州富岡
群馬藤岡
下仁田
深谷
熊谷
寄居
加須
小川町
秩父
三峰口
越生
坂戸
上尾
川越
高麗川
飯能
ふじみ野
奥多摩
青梅
所沢
和光市
吉祥寺
西国分寺
拝島
甲府
石和温泉
山梨市
大月
上野原
高尾
橋本
都留市
河口湖
新横浜
古入間湾

鹿島神宮

鹿嶋市

最も〝関東らしい〟全国屈指の名社

日本一の面積を誇る関東平野は、南は東京湾と相模湾、東は鹿島灘に接しています。鹿島灘に面した茨城県には、どことなく男性的な印象がありますが、そんなイメージの源泉の一つが鹿島灘であり、鹿島灘にのぞむ台地に鎮座する「鹿島神宮」ではないかと思います。

鹿島神宮は常陸国一之宮(1)で名神大社(2)。『延喜式』で、最高の格式である「神宮」とされたのは、伊勢(三重県)と香取(千葉県)と鹿島の三社だけ。まさに全国屈指の名社です。

鹿島神宮の御祭神の武甕槌大神(3)は雷神であり、国家鎮護や武の神とされます。鹿島は武道発祥の地ともされ、武芸者の憧れの場所です。関東の文化には、〝坂東武者〟といった言葉に代表されるような、雄々しい雰囲気がベースにありますが、「鹿島神宮」は、そんな雰囲気の最高峰にあるお社だと、勝手ながら思っています。

縄文神社を探す旅を続ける中で、遺跡が密集している関東には、縄文神社がかなり

(1) 平安時代からみられる社格。古い由緒の神社や地元民の信仰が篤い神社を、上位から一宮、二宮、三宮…と呼ぶようになり、のちに朝廷に追認されたようだ。

(2) 由緒が古く、霊験あらたかとして朝廷から特別待遇を受けた神社。927年に完成奏上された法典『延喜式』には全国で224社挙げられている。

(3) 神話で、大国主命に国譲りを承諾させた神として登場する。タケは美称で、ミカヅチは「甕ツ霊(神蛇)」とする説がある。ミカは酒を醸す甕を指し、霊威あるものと考えられ、信仰の対象になった。

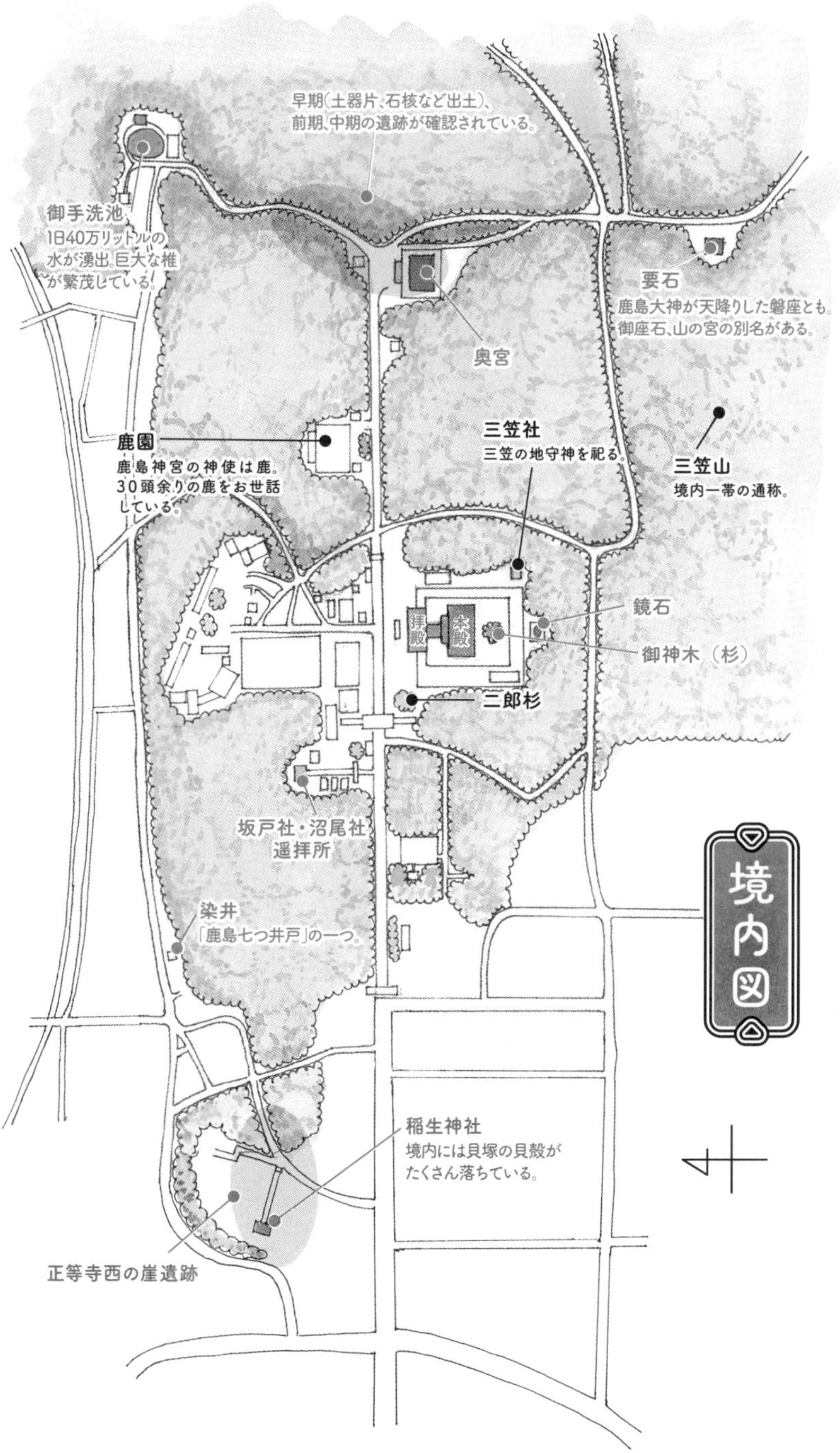

境内図

早期(土器片、石核など出土)、
前期、中期の遺跡が確認されている。

御手洗池
1日40万リットルの
水が湧出。巨大な椎
が繁茂している。

要石
鹿島大神が天降りした磐座とも。
御座石、山の宮の別名がある。

奥宮

鹿園
鹿島神宮の神使は鹿。
30頭余りの鹿をお世話
している。

三笠社
三笠の地守神を祀る。

三笠山
境内一帯の通称。

拝殿

本殿

鏡石

御神木(杉)

二郎杉

坂戸社・沼尾社
遥拝所

染井
「鹿島七つ井戸」の一つ。

稲生神社
境内には貝塚の貝殻が
たくさん落ちている。

正等寺西の崖遺跡

多いと実感していました。では〝最も関東らしい〟と思っている鹿島神宮はどうでしょう。確認してみたところ、やはり縄文時代の遺跡が重なっていました。さらに驚いたのは、鹿島神宮だけでなく重要な摂社にも、縄文遺跡が見つかっていたのです。

やっぱり！と大きく頷きました。人が暮らしたいと思い、祈りを行う場所として「ここだ！」と感じる場所は時を超えるんだ——そんな思いを強くします。

香島神は〝三社で一つ〟

鹿島神宮が初めて登場する『常陸国風土記』(4)（8世紀）によると、「天の大神の社、坂戸の社、沼尾の社を総称して〝香島の天の大神〟という」（抄訳）とあります。「天の大神の社」は鹿島神宮で、「坂戸の社」は坂戸神社、「沼尾の社」は沼尾神社となり、鹿島神宮の境外にある摂社として、今も祀られています。そして三社とも、舌状台地上に位置しており、周辺に縄文遺跡があるのです。

『常陸国風土記』で三社をまとめて一つの大神と称したのは、この三社の成り立ちや祀る人々につながりがあり、一社としておろそかにできなかったことを意味しています。そしていずれも縄文遺跡が確認されることから、三社のつながりも相当古い時代に遡れるかもしれません。そしてその関係性は以来大切にされてきたのです。

鹿島神宮が鎮座する舌状台地の西側付近には、縄文時代にはすぐ側まで古鬼怒

（4） 風土記は奈良時代（713年）、元明天皇の詔により編纂された地誌。出雲、常陸、播磨、肥前、豊後の5か国の風土記が現存する。

湾(5)が入り込んでいました。現在、鹿島神宮駅のあるあたりが最も低く、四方に向かって徐々に標高が上がっていく地形です。駅周辺の台地には、縄文以降継続した遺跡が、密集しており(6)、鹿島神宮は南東の台地上に鎮座しています。

鹿島神宮の境内は約70ヘクタールもあり、県下でも随一の照葉樹林(7)だそうです。確かに緑が深く巨木も多い、実に豊かな森です。台地を覆う森の周辺は、標高差が15メートルほどあって急坂になっています。崖下には、七つ井戸と呼ばれた湧水がありました。現在は多くが埋没してしまいましたが、境内崖下の「染井」は、今も湧いていて、清らかな流れを見ることができます。

壮麗な本宮と森閑とした奥宮

大鳥居の前で一礼して一歩進むと、一気に重厚な空気に包まれました。背の高い樹々の間から光が差し込んで、参道に光のスポットが生じています。黒っぽい茶色の樹皮が光に照らされて赤茶に輝き、空気は重く静かですが、同時に温かくもあります。

楼門をくぐると、まず本宮の横顔が現れました。本宮は北向きで、参道からは正面は見えません。しかし本殿の中の神坐は東を向いているそうで、実に不思議な構造です。厳かで重厚な雰囲気に、気を引きしめて拝礼します。

本宮へのお参りを終えて、再び横から社殿を眺めてみると、本殿の後ろに立派な

(5) 現在の利根川沿いと北浦、霞ケ浦、印旛沼周辺に広がっていた広大な内海。

(6) 駅北の台地上の厨台遺跡群は旧石器以降の複合遺跡で、縄文中期の大集落跡が確認されている。谷津を囲む環状集落で住居跡(約133軒)や、ヒスイの大珠・土偶などが出土している。境内の東側(旧境内)には三笠山遺跡、境内南西側の跡宮の周辺には神野遺跡、また門前町にあたる宮中地区一帯にも縄文遺跡が数多く確認されている。

(7) 600種余りの植物が生育しており、70ヘクタールのうち約40ヘクタールは、「鹿島神宮樹叢」として茨城県指定天然記念物に指定されている。

鹿島神宮本宮社殿

御神木が見えました。もう一度境内図を見ると、御神木と、背後に「鏡石（かがみいし）」があることがわかりました。この御神木は、神宮の森で最大で最古とされ、樹齢は１３００年に及ぶと言いますし、鏡石も古い時代の信仰を想像させます。太古の様子に思いを馳せながら、奥宮を目指します。

本宮の左手に木の柵が境界を示しており、奥参道がのびています。奥参道に入るとグンと空気が変わった気がしました。体が重くて妙に息苦しいぞ……と思いながら、進んでいきます。鹿島神宮のお使い(8)は鹿ということで、鹿園があります。鹿を見ていると息苦しさが少し楽になった気がしました。

(8) 神の使者、眷属（けんぞく）（配下の者）。

気を取り直して進んでいくと、奥宮の社殿が現れます。本宮の社殿だったのを遷(うつ)したそうで、なんとも言えない気品を感じます。お参りを終えて、社殿脇の道を歩いていくと、150メートルほどで、要石を囲う瑞垣(みずがき)(9)と鳥居が見えました。

鹿島神宮の要石は、「地震を起こす大鯰(おおなまず)の頭を押さえる霊石」として有名です。また、鹿島大神が降り立った伝承もあり、「御座石(みましのいし)」ともいうそうです。

梢(こずえ)から光が差し込んで、要石の前に建つ鳥居が輝いて見えました。神々(こうごう)しい雰囲気に思わず手を合わせて参拝してのぞき込むと、可愛らしい石が地面から顔をのぞかせています。直径が40センチメートルほどでしょうか。中央がへこんでいて、「へそ饅頭(まんじゅう)」に似ています。香取神宮の要石(10)も、まるで「すあま」のように愛らしくて和(なご)みましたが、鹿島神宮の要石も愛らしさ満点です。

要石は、顔をのぞかせているのはごく一部で、地中に巨石が埋まっていると考えられてきました。香取の要石と同じく、水戸光圀(みとみつくに)公(11)が確かめようとして七日七晩掘りましたが、掘りきれなかったという伝承があります。説明板に、「(要石は)伊勢の神宮の本殿床下の心(しん)の御柱(みはしら)(12)的存在である」とありました。やはり鹿島神宮全体の根源的存在と考えられているのでしょう。

鹿島神宮において、要石への信仰は根源的なものですが、それは縄文時代まで遡れるのでしょうか。自然石への信仰は、縄文時代にはほとんど行われていなかったとさ

(9) 聖域を囲う垣根。玉垣、斎垣、荒垣ともいう。

(10) 鹿島神宮と対のように語られることが多い香取神宮(千葉県香取市)にも、同じような要石がある(詳細は『縄文神社 首都圏篇』)。

(11) 徳川光圀。水戸藩第二代藩主。『大日本史』編纂とともに、考古学的調査・保護を行ったことでも有名。

(12) 伊勢の神宮の皇大神宮・豊受大神宮正殿の床下中央に建てられる、最も神聖視される柱。建物を支える実用的な柱ではない。

れています。その観点からは、要石への祭祀はちょっと微妙と言わざるを得ません。

しかし地元の史誌『鹿嶋史叢』に、面白い発想を発見しました。

それは、要石の〝高さ〟についての指摘です。鎌倉時代の記録には、66センチメートルほどの高さがありましたが、明治の記録には約33センチメートルとなり、現在は、ほぼ高さはありません。この変化は腐食土の堆積と考えられ、鎌倉時代からの８００

深い社叢の奥、立派な石鳥居と玉垣に囲まれた聖域に祀られる要石。想像以上に小さくて可愛らしい。

年でそこまで埋まったとすれば――。

「縄文中期まで六〇〇〇年遡るとすると現在の姿からは想像もできない石柱となってしまう。鹿島では、岩石といえるものは要石と北浦(きたうら)湖中の砂岩のみである。中期縄文人の目に映った石柱は、東北のストーンサークル(13)と共通性はありはしないだろうか」

(「要石―その信仰と伝承と科学性について―」此松久興・矢作幸雄)。


隠れている部分が石柱であるかはわかりませんが、フラットな土地にまるで柱のようにも見える巨大な岩があったとしたら、それは確かに、信仰されただろうと思います。

現在のへそ饅頭のようなキュートさはちょっと置いておいて、見ようによっては柱のような巨石がこの場所にあると想像してみます。海岸線がかなり近くまで来ていたとすると、大きな岩の向こうには、鹿島灘の雄大な風景が見えていたかもしれません。

方角が気になってコンパスで見てみると、これから行く湧水(御手洗池(みたらしいけ))から見て、ほぼ南に要石があることに気づきました。ストーンサークルは太陽の運行に関わる祭祀遺跡と考えられるので、「ストーンサークルと共通点がありはしないだろうか」という指摘の意味がわかります。

実は、奥宮の前から御手洗池の間のエリアに、鹿嶋市で最古に属する「みたらし坂遺跡」があり、前期以降には集落があった可能性があるのです。集落の住人たちにとって、台地上にあって太陽運行の目印となる巨石は、祭祀対象になりえたでしょう。

(13) 日本では「環状列石」と言うことが多い。縄文前期から後期にかけて造られた配石遺構を指す。

美しすぎる湧水・御手洗池

縄文カシマの人々に思いを馳せながら、参道を戻って、御手洗池を目指します。奥宮から御手洗池へ至る道は、かなりの急坂です。かつてはこちらが表参道だったそうで、湧水はお参り前に身を清める役割もあったのです。

このあたりに遺跡があるのかな、とキョロキョロしながら、膝をかばいつつ下っていくと、御手洗池が見えてきました。思わず感嘆の声を漏らします。

透明な澄み切った水を湛(たた)える四角の池、そこに巨大な椎木(しいのき)の枝が覆いかぶさって、木漏(こも)れ日が水面をキラめかせています。湧水口の前に鳥居が見えますが、椎の枝の支えもまるで鳥居の柱のように見え、実に荘厳です。溜息をつきながら、池の畔(ほとり)に立つと、すっと清涼な風が通ります。私は思わず手を合わせて一礼しました。

鹿島神宮は、あまりにも歴史が深く重層的で、つかみがたい気がしていました。しかし、要石とこの御手洗池を体感して、腑に落ちるような気がしました。

この御手洗池から要石までのルート――豊かな湧水に遺跡、フラットな台地上の森にひっそり佇(たたず)む祭祀に関わるかもしれない霊石……。この構成は、まさしく〝縄文神社〟です。

カシマの神の根源の姿

私はふと、「天の大神」とはどんな神様だったんだろう?と思いました。太古につながるヒントはないかと考えてみます。……そういえば、鹿島神宮で重要とされるお祭りに、「御船祭(みふねまつり)」があります。古来、海との関わりが強いのです。「カシマ」の語源も、「港」を意味するとする説があります。東には鹿島灘、西側には内海がありましたから、当然と言えば当然です。さらに遡って縄文時代の地形を想像すると、海の範囲はもっと広がりますから、縄文カシマの人々の基本属性も、「海の民」ということだと思います。

縄文時代の海岸線は、現在よりも500~600メートル内側でした。その近辺の縄文遺跡は、あまり多くありません。やはり外洋に接する地域は天候の影響を受けやすく、暮らしづらかったのでしょう。対して、古鬼怒湾側には、多くの遺跡が見つかっています。鹿島の三社に重なる遺跡も内海側の集落跡で、この地域の傾向を表しています。

鹿島神宮には、二つの表情があると感じます。本宮エリアは雄々しい雰囲気で外来文化の気配が強く、広々とした外海のイメージがあります。いわば「鹿島灘の神」です。もう一つは奥宮・要石・御手洗池の表情です。奥宮の御祭神は武甕槌大神の荒魂(あらみたま)(14)とされていますが、私は穏やかな内海や御手洗池に属するイメージを感じます。言っ

(14) 神霊には二つの働きがあり、穏やかな神霊の働きを「和魂(にぎみたま)」、荒々しい働きを「荒魂」という。また荒魂は「生(あ)らみたま」で、よりプリミティブな状態を示す場合もある。

てみれば「内海の女神」です。「天（あめ）の大神」とは、この二つのイメージが重なった「海（あま）の神」を指すのではないでしょうか。そしてそれは、厳しいけど優しい、豪胆だけど繊細——そんな多彩な表情を持った神様だったのではないかと想像します。

御手洗池。かつては参拝前にこの池で身を清めたという。
湧出口から汲んで持ち帰ることもできる。

私はいそいそと、湧水でこねたというお団子を、お茶屋さんで注文しました。長床几（ながしょうぎ）に座り、お団子をほおばりながら、キラキラ光る御手洗池を眺めます。縄文時代にはこの池の近くまで海が来ていたと考えられます。内海の優しい波が寄せる海辺に、滾々（こんこん）と湧き出る真水。縄文の人々もきっと、この湧水の側で一息ついたことでしょう。そんな想像をしていたら、肩の力が抜けていきました。

〝縄文神社〟という視点で参拝するにあたって、私は、鹿島神宮の奥深さに委縮して、圧倒されていました。奥参道で感じた息苦しさはそんな緊張からきていたのです。しかし御手洗池の側にいると、体が軽くなった気がしました。

心身ともにニュートラルで、安定した状態にあると感じます。この穏やかなひと時を通じて、縄文カシマの人々の心情に重なっていく気がしました。

跡宮（あとのみや）

鹿嶋市

最も神聖な女性祭主「物忌（ものいみ）」の坐（いま）す場所

跡宮は、鹿島大神が初めて天降（あまくだ）った場所と伝わります。別名を「荒祭（あらまつり）の宮」といい、荒魂を祀る意味のほかに「現祭（生（あ）らまつり）」という意味があり、神の降臨・誕生を意味するという説があります。そのため、跡宮の創祀は鹿島神宮よりも遡る可能性があり、〝元宮〟とも考えられています。

そんな跡宮周辺にも、やはり縄文遺跡がありました。神野（かの）遺跡⒂をはじめ、神野地区一帯から、縄文遺跡が数多く確認されているのです。

跡宮の側には、神宮で最も神聖視された女性祭主「物忌」⒃が住んでいました。物忌の起源は2種類伝わり、第一の伝えでは、最初の物忌は大神を出雲から請来（しょうらい）して祀った人で、「その名は他家の人には言えない秘事」としています（『鹿島ものいみ由来』⒄）。第二は、神功皇后の姫宮の「普雷女（あまくらめ）」であるとしています。その名からして雷や水にまつわる神女であり、鹿島神宮の根源に水への信仰があったことを想像させます。

ほっとする……しくし

⒂ 後期・晩期の集落跡。人骨や土偶や石棒などの祭祀具や、紫水晶の釣針などが出土した神野貝塚を含む。

⒃ 神職の血筋の6〜13歳の女児から亀卜（きぼく）で選ばれた。男性に触れるどころか目にも触れてはならず、本社との移動にも輿を使ったという。終身職のため長い人では90年務めたという記録があり、明治に至るまで27人を数えた。

⒄ 物忌の後見役として、物忌代を務めた当禰宜家所蔵の書物。

坂戸神社（さかとじんじゃ）

鹿嶋市

境界を守る神と巨大石棒（せきぼう）

〝香島の天の大神〟のうちの一社で、現在は鹿島神宮の摂社になっています。「坂戸」とは異境との境目のことで、坂戸の神は〝境界を守る神〟を意味します。

鎮座地の名前は丘陵上部にある地形を表して「山之上」ですが、神社名にその地名を冠していません。ということは、土地神を祀ったお社ではなく、坂戸の役割を持つ神をお祀りしたということでしょう。

境内周辺には中期の集落跡である坂戸遺跡があり、同じ台地上の遺跡と合わせて山之上遺跡群(18)と呼ばれています。坂戸遺跡で注目したいのは、全長160センチメートル・重量約78キログラムに及ぶ巨大な石棒（せきぼう）(19)が出土している点です。石棒は、群馬西部から埼玉北部に出土する緑泥片岩（りょくでいへんがん）製で、わざわざ遠方からこの地まで運んだということになります。この石棒が出土したということは、ヤマノウエ集落は、縄文カシマにおける重要な祭祀を行う拠点的な場所だったのではないでしょうか。

(18) 縄文中期～後期の集落遺跡群。貝塚が数地点に確認されている。

(19)

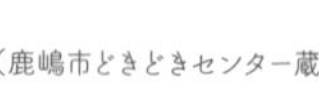

（鹿嶋市どきどきセンター蔵）

沼尾神社
鹿嶋市

沼尾池の水源にまつわるお社

〝香島の天の大神〟の一社で摂社です。鎮座する台地崖下の南に、かつて「神代に天から流れてきた水沼」という沼尾池(20)がありました。池があったエリアは、縄文前期には海の中だったと思いますが、水源となった湧水は、縄文ヌマオの集落がつくられる要因になったと思います。境内から350〜200メートルほど北の数か所に中期から後期の集落跡(21)が出土しており、沼尾神社との関わりが指摘されています。

塩釜神社
鹿嶋市

生命の躍動感を感じるお社

その名の通り、塩にまつわる(22)お社で、縄文の塩交易を連想させます。鹿嶋市では縄文中期頃から製塩が行われていたそうで、主に鹿島灘方面で造られて、外洋の魚介類などと一緒に内海方面にも輸送されていたようです。

境内周辺に中期の拠点集落(23)が出土しており、塩交易にも関わりがあったかもしれません。沼尾集落とも、間にある小さな湾を通じて、頻繁に交流していたのではないでしょうか。

(20)『常陸国風土記』に病も治る蓮根が採れ、鮒や鯉が豊富だとある。香島郡の役所ははじめ沼尾池周辺にあり、鹿島神宮の南に遷されたと考えられる。明治に開拓され田地になった。

(21) 沼尾原遺跡など。住居跡10軒や地点貝塚が出土。

(22) 御祭神の塩土翁命は塩づくりや航海術の神。

(23) 塩釜遺跡。住居跡11軒など出土。なぜか貝塚が発見されないため、何らかの農耕が行われた可能性を指摘されている。

御岩神社

日立市

太古に始まる御岩山への信仰

御岩神社は『常陸国風土記』に登場する「賀毗礼の高峰（御岩山）に鎮まる天つ神」のお社と考えられ、御岩山山麓に鎮座しています。創建は不詳ですが、御岩山の山中や山麓から縄文の遺物が確認されており、縄文時代から御岩山への信仰があったと考えられています。

御岩神社周辺の遺跡を調査したのは、関右馬之允さんら地元の篤志家と、人類学者で考古学者である鳥居龍蔵(24)博士です。大正6年に関さんらと多くの石器や土器を発見し、その後も地元から発見の報告が続きました。しかし残念なことに鳥居博士自身の報告書がなく、出土品の多くは行方不明になってしまいました。

ただその時の情報は地元に残され、歴史学者・志田諄一(25)博士監修の『御岩山』にまとめられています。『御岩山』には、関さんによる出土位置の地図が掲載されており、現在も重要な社殿があるエリアから、遺物が出土していたことわかります。

(24) 1870～1953。徳島県生まれ。現地調査を行い、そのフィールド範囲は東アジア全域に及んだ。國學院大學、上智大学、燕京大学（北京）で教授を歴任。筆者憧れの人（詳しくは156ページ）。

(25) 1929～2011。日本古代史、古代・中世氏族の研究者。日立市郷土博物館長、茨城キリスト教大学学長、茨城県教育委員長などを歴任。

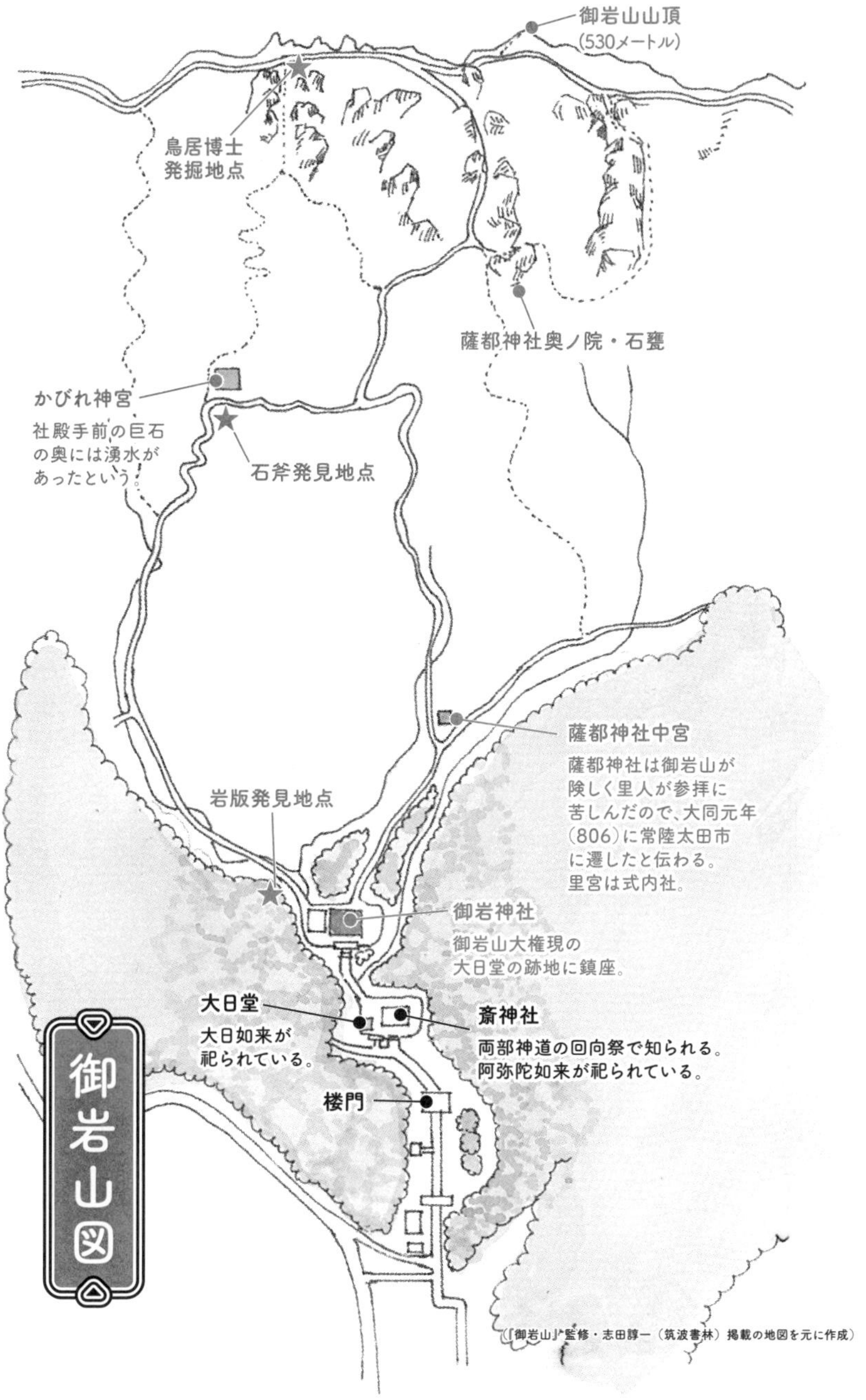

御岩山図

御岩山山頂
（530メートル）

鳥居博士
発掘地点

薩都神社奥ノ院・石甕

かびれ神宮

社殿手前の巨石
の奥には湧水が
あったという。

石斧発見地点

薩都神社中宮

薩都神社は御岩山が
険しく里人が参拝に
苦しんだので、大同元年
（806）に常陸太田市
に遷したと伝わる。
里宮は式内社。

岩版発見地点

御岩神社

御岩山大権現の
大日堂の跡地に鎮座。

大日堂

大日如来が
祀られている。

斎神社

両部神道の回向祭で知られる。
阿弥陀如来が祀られている。

楼門

（『御岩山』監修・志田諄一（筑波書林）掲載の地図を元に作成）

御岩神社の側に出土した晩期の岩版

中でも心惹かれるのは、鳥居博士が発見したという岩版のスケッチ(26)です。岩版（土版）は、土偶や岩偶から派生したとも、護符ともいわれるもので、祭祀具の一つです。岩版は一般的には晩期に属しますが、このデザインを見ると後期もありうる気がします。小さいですが、巻き上がる眉と円い目があって、強烈な存在感です。

ほかにも遺物が出土していますが、現物がないため詳細はわかりません。しかし、近隣の山間部で早期の土器や石鏃が確認される遺跡も出ているので、御岩山に暮らした人々の歴史は、晩期だけでなく、もっと遡れるのではないかと思います。

縄文時代から時を超えて、御岩山信仰の中心となったのが〝御岩神社〟でした。明治以前には神仏習合(27)で、修験道(28)の聖地でもあったため、境内には不動明王や、かつての御本尊・大日如来(29)などの仏尊もお祀りされていて百花繚乱です。神様に拘わらず、ご縁のある尊格を丁寧にお祀りされていますが、その数なんと１８８柱。本殿右側に「御岩山諸神明細」という看板があり、お祀りしている神仏の名前が記されているので、ぜひ見てみてください。まさにオールスターズです。

山頂までは、山道を1時間ほどで到達できます。山麓エリアだけでも十分に豪華で素晴らしいのですが、山頂まで登ることをお勧めします(30)。山頂の磐座はもちろん山

(26) 横約4㎝×縦約6・5㎝。表は顔、裏は体を表現しているとする説がある（『日立市史』掲載のスケッチを模写して作成）。

(27) 日本古来の神と外来の仏教の仏神が混淆し、融和して生じた現象。

(28) 役小角を開祖とする、日本独自の山岳宗教。日本古来の山岳信仰に、密教や道教が結びついて平安期に成立した。

(29) 密教の最高仏。不動明王は大日如来の化身。

急な山道の先にかびれ神宮が見える（写真：上）。
かびれ神宮社殿と今上関（写真：下）。

（30）低山登山の装備で行きましょう。お水も忘れずに！

道も晴れ晴れとして気持ちがよく、また見るべきものがたくさんあるのです。

山麓の神々にご挨拶（あいさつ）したら、御岩神社社殿脇の表参道から御岩山に入ります。岩版が出土したのは、この入り口付近のようです。現在の本殿とかなり近い位置です。この一致に一人盛り上がる私。そんなことを噛（か）み締めつつ、登っていきます。

中腹に鎮座する「かびれ神宮」も静謐（せいひつ）で、とても気持ちのいいお社です。両側に山肌が切り立つ谷間に鎮座しており、その前は急坂です。関さんの地図には、坂を登り切った地点、鳥居の手前あたりに、「石斧出土」とあります。

かびれ神宮の鳥居をくぐると、左手に磐座があります。この巨石は今上関（いまがみのせき）といい、かつては近くに水が湧いていたそうです。すると、この付近で石斧が出土したということも腑に落ちます。

詳細は不明なのですが、その石斧は磨製石斧だったのではないでしょうか。磨製石斧は実用具でもありますが、祭祀にも用いられることがあったからです。山の中腹に湧水があることは神の恵み――そう考えてお祀りするのは、自然な感じがします。

カンブリア紀の地層と立速日男命（たちはやひおのみこと）

ごつごつと根っこが飛び出している山道を慎重に登って山頂に到達すると、一気に視界が開けました。山頂には大きな岩があり、その前に少しフラットな土地、そして

御岩山山頂の磐座

その周囲は岩で囲まれています。この巨石は御神体「御岩山」の先端で、この場所全体が巨大な岩山の上部にあたります。

実はこの御岩山自体がすごいのです。なんと５億年前のカンブリア紀(31)の地層から成り立っているというではありませんか。縄文時代も何も、恐竜すら誕生していなかった時代にまで遡ってしまいました。

その事実がわかったのは２００８年のことなので、縄文の人々はもちろん、御岩山を信仰してきた人々も知らなかったことです。しかし、この土地の深さ、強さを肌で感じていたのではないかと思います。

御岩神社の宮司様のお話では、御

(31) 約５億９０００万年前から５億５００万年前の約８５００万年の期間で古生代最初の紀。御岩山が属する多賀山地の多くは、その頃に存在したゴンドワナ大陸東端が長い年月をかけて現在の地形へと変遷したことを物語っているという。この衝撃的事実の発見は２００８年、田切美智雄博士(茨城大学名誉教授)による。

岩神社の御神体は、この御岩山全体であり、御岩神社、かびれ神宮、裏中腹に鎮座する薩都（さっと）神社中宮にお祀りされている「立速日男命」(32)と同体だそうです。立速日男命は、太陽神、雷神、火や金属に関わる神と考えられています。おそらく、古来この地域の中心をなす神だったのでしょう。

そしてこの御岩山を神格化するとすれば、「立速日男命」という名前はイメージ通り。山頂で見た岩は、とても力強い印象でした。5億年の月日の重さで石目が詰まってうねるような模様に見え、光る石の層がところどころに走り、重厚な中に華やかさも感じました。

標高は530メートルと高いわけではありません。しかしその眺望ときたら……。とても低山とは思えぬ絶景です。太陽の光の晴れやかさ、抜けていく風のさわやかさ。確かにこの場所に男神が降りてきたとイメージするのは、理屈抜きでわかる気がしました。

力強さに溢れる聖地

カンブリア紀と思うと気が遠くなりますが、縄文オイワの人々が、御岩山で祭祀を行ったとされるのは、「そうでしょうとも」と力強く頷きます。しかし残念なことに、関さんの地図には、山頂に「出土」の印がありませんでした。

（32）『常陸国風土記』に「立速日男命は天から降りて松の木の上に鎮座したもの、里人の不敬不浄に祟るため、朝廷より片岡大連が遣わされて、高山に鎮座してほしいと願った。命はそれを聞き届けて、賀毗礼の峰（御岩山）に遷ったという。山上の社には石垣を作り、石垣の中には神の一族が大勢いて、彼らは蛇神だという。また、様々な宝、弓・鉾・鎌、器類は石と化して現存している」（要約）とある。

これまで私が巡拝してきた霊山にまつわる縄文神社では、麓に祭祀遺跡があり、山頂に石鏃や石斧、土器のかけらなどが出土しているというのが、典型的なパターンでした。御岩神社も、山麓から岩版が出ていますし、まさにそのパターンなのですが……。山頂の遺物は、遺構を伴わない場合が多いので、記録がないとよくわからなくなってしまいます。鳥居博士が報告書を書いておいてくれたら……と思わずにはいられません。

しかし別の角度で考えると、仮に晩期としたら、３０００年前になります。その頃の山頂は、今とは違ってフラット面がなく、祭祀が行われるような状況ではなかったのかもしれません。

いずれにしても、それは小さなことですよね。御岩山はとても力強く気持ちのよい場所ですし、御岩神社の境内には、御岩山への信仰が、生き生きと息づいています。それを感じられたら、きっと縄文オイワの人たちともつながれるでしょう。

私がお参りした時は、午前10時に入山したのですが、下山したのは16時になっていました。宮司様が、「なかなか戻ってこないから、心配しちゃいましたよ」と迎えてくださったのですが、そういえばお昼を食べるのも忘れて、歩いていました。疲れも感じず、おなかもすかず……。普段ならありえないことです。不思議なことですが、ひょっとしたら御岩山が力を分けてくれていたのかもしれません。

泉（いずみ）神社

日立市

古代から有名な泉が御神体

縄文神社をリサーチしていると、ついつい湧水を探してしまいます。湧水の周辺には遺跡がある確率が高く、今も神社が鎮座していることが多いのです。日立市水木町に鎮座する泉神社は、その名の通り、「泉」が御神体の神社です。泉は、『常陸国風土記』に登場する「密筑（みつき）の里の大井」と考えられ、その美しさと豊かさで古代から広く知られた存在でした。

縄文時代の泉神社を想像してみましょう。最も海進が進んだ縄文前期には、境内の付近まで海が来ていて、泉は、海岸に張り出す崖から噴き出す真水だったかもしれません。境内からは縄文遺跡は確認されませんが、背後の段丘上には前期から中期の集落跡（泉原遺跡）が出土しています。

また、泉を水源とした泉川（いずみがわ）(33)を挟んだ北西の段丘上にかつて密筑の里があったと考えられますが、その下層に縄文時代の集落跡（泉前遺跡）が出土しています。この状況から想像すると、少し海岸線が下がった中期以降には、泉神社の泉は、一帯の命

(33) 全長約1㎞の川で、間もなく太平洋に注ぐ。

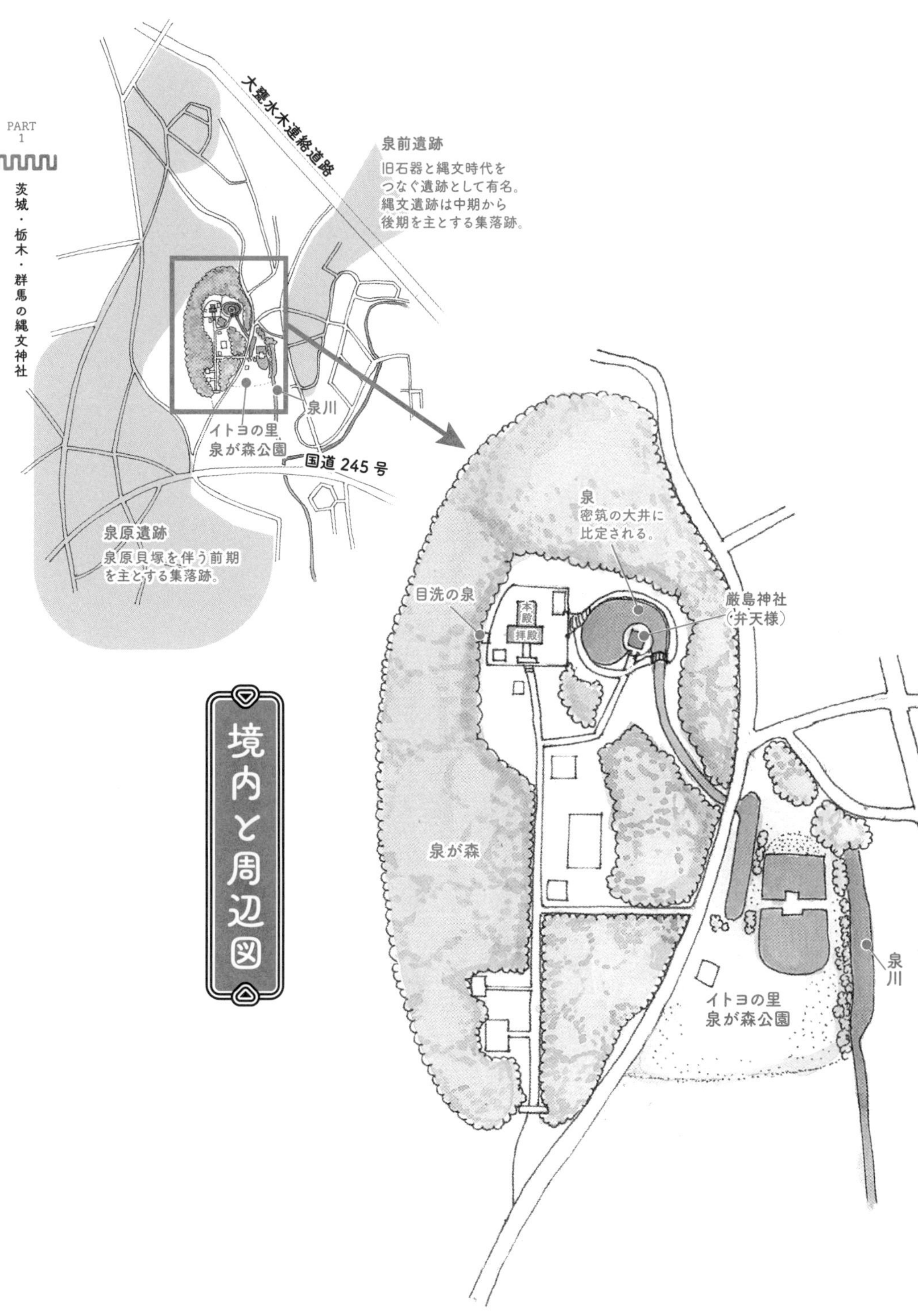
大甕水木連絡道路
泉前遺跡
旧石器と縄文時代を
つなぐ遺跡として有名。
縄文遺跡は中期から
後期を主とする集落跡。
泉川
イトヨの里
泉が森公園
国道 245 号
泉原遺跡
泉原貝塚を伴う前期
を主とする集落跡。
境内と周辺図
泉
密筑の大井に
比定される。
目洗の泉
本殿
拝殿
厳島神社
(弁天様)
泉が森
泉川
イトヨの里
泉が森公園

を育む重要な水源だったと考えていいでしょう。国道から細い車道に入ると、台地崖下に沿うようにこんもりとした緑の森が現れます。白い石鳥居の横には「茨城百景　泉が森」の標石があります。「泉が森」は泉神社の神域を意味し、江戸時代には常北十景にも選ばれた名勝地です。

鳥居をくぐると一気に森の空気になりました。深緑の影の中に参道がのび、よく茂った樹々が空を覆っています。

社務所から少し階段を上ると、社殿が姿を現しました。社殿はおごそかながらも、どこか可愛らしい雰囲気です。それはこちらの神様が「天速玉姫命」という女神だからかもしれません。神社の社記に、「上古、霊玉この地に天降り、霊水湧騰して泉をなす。なづけて泉川といい、霊玉をもって神体とする」とあり、この霊玉を神格化したのが、天速玉姫命だと伝わります。また、祭神名にある「速玉」は、清泉の美称で、泉そのものが神格化されたとする説もあるようです。いずれにしても、この地の神は湧水の女神で、湧水がこの聖地の根源だということでしょう。

想像を絶する美しさ

本殿にお参りしてから、周囲を歩いてみます。社殿の左側は急斜面になっていて、「目洗の泉」という小さな泉が湧いていました。御神体の泉以外にも、このような湧

御神体の泉と弁天様

水地点がいくつもあるんだろうなと想像しつつ、裏手をぐるりと回ると下に下りる階段が現れ、下を見て、私は思わず歓声を上げました。御神体の泉です。その美しさは想像をはるかに超えていました。

ガラスのように透明なライトブルーの水面に、日光がスポットライトのように入り、白い水底がキラキラと輝きます。白い砂がコポコポと舞い上がり、水底のかなり広い範囲から、水が湧いているのがよくわかります。この水は涸れたことは一度もなく、今も毎分1500リットルの勢いで湧き続けているんだそうです。

池の真ん中には島状に整えられた弁天様（厳島神社）のお社が鎮座し

イトヨの里　泉が森公園

ています。立派な覆い屋に守られた赤い社殿と、ライトブルーの水面がマッチして、美しさを倍増させています。私は泉の美しさにキョロキョロしながら、お社に参拝しました。

　また、もう一つ素晴らしい場所があります。境内のすぐ脇の「イトヨ(34)の里　泉が森公園」です。こちらは地域の皆さんと日立市が協力して完成させた公園で、人の手が入った水辺ですが、実に見事なのです。泉神社の泉を水源とする透明な水は、溢れんばかりの水量で小川を流れ、川底には水草が勢いよくそよいでいます。貴重な魚〝イトヨ〟の生息地・産卵地で、観察デッキなども整備されています。

　公園から森を眺めると、泉神社の森があたりを優しく包んでいるように見えます。太古から続く聖なるものが、今を生きる人々に寄り添っている光景のように思えました。

(34)　体長約8㎝のトゲウオ科の魚。一生を淡水で生きる陸封型と、産卵以外は海で過ごす降海型がおり、泉が森のイトヨは前者。

大甕神社

日立市

宿魂石に漂う香々背男の本質

日立市には、カンブリア紀の岩が御神体とされる神社が、もう一社あります。それが大甕神社です。御神体は「宿魂石」と呼ばれ、朝廷に従わなかった神・甕星香々背男(35)の霊力を封じていると伝わります。大甕神社の主祭神は香々背男を封じたとされる建葉槌命(36)で、北西の大甕山に鎮座していたそうですが、水戸藩の命令で「宿魂石」の上に遷坐されたのだそうです。現在、香々背男は地主神として合祀されています。

「宿魂石」の上の本殿には参道がのびていて、直接お参りすることができます。石の上は気持ちのいい場所で、神話で邪神とされる香々背男のイメージとは重なりません。香々背男の本質とは、本当はこのように明るく爽やかなものだったのではないでしょうか。境内からは確認されませんが、南側に大甕遺跡(37)が接しており、地形的に見て関わりがあると考えます。本来「宿魂石」は、縄文人が好むような、日当たりがよくて風通しのよい土地に鎮座する、「聖なる石」だったのかもしれません。

思わず手を合わせる

(35) 別名・天津甕星という。香々背男は朝廷軍に勝ち誇って巨岩に変化し、成長し続けて天を突き破る勢いだったが、建葉槌命に鉄靴で蹴り飛ばされて、巨岩は砕け散り、血を吐いて死んだ。飛び散った巨岩は、石神(那珂郡東海村)・石塚(東茨城郡常北町)・石井(笠間市)に落下したという。

(36) 武神で倭文(織物工芸)神。那珂市に鎮座する常陸国二宮で名神大社である静神社の主祭神。

(37) 縄文中期の遺跡。弥生以降の集落跡なども確認されている。

大宝八幡宮

下妻市

古代の湖「騰波ノ江」と関東最古の八幡宮

筑波山の西側に流れる小貝川の中流域には、かつて「騰波ノ江」(38)（鳥羽の淡海）」と呼ばれる湖がありました。大宝八幡宮は、この騰波ノ江の西側に位置する台地上に、701年に創建されたと伝わります。

縄文時代にも、同じく水に囲まれた高台だったと考えられ、周辺に遺跡が多いのもこの地形が関係しています。境内は中世の城跡で国指定史跡になっていますが、同時に縄文中期の土器が出土しており、谷津を挟んだ北側の台地上にも、中期を中心とした北大宝相ノ田遺跡(39)が確認されています。

現在でも十分に広大な境内ですが、明治以前は、大鳥居からのびる参道の東側一帯に、8つの寺院とお堂が建ち並んでいたそうです。現在も山門に仁王像が祀られていたり鐘楼があったりと、神仏習合の雰囲気がそこかしこに感じられます。関東最古という八幡宮で格別の由緒のお社ですが、格式張った感じではなく優しい雰囲気です。ゆったりとした空気に、全身がゆるみます。

心が安まる

しーくし

(38)『常陸国風土記』によれば、全長約5.3㎞・幅約2.7㎞あったという。しかし鬼怒川の流路が変わることで小さくなり、現在は水田地帯になっている。

(39) 前期以降の複合遺跡。中期を中心とした集落跡で、大量の土器とともに石鏃、石皿、石斧、石棒などが出土している。

折居(おりい)神社

水戸市

巨人〝ダイダラボウ〟の伝説と貝塚の記録

「縄文」と時代区分がなされる前から、太古に人が住んだ跡があるということは、昔の人もわかっていました。折居神社が鎮座する大串(おおくし)貝塚(40)は、文献に記録された遺跡の最古の記録とされています。「遠い昔に足跡の長さが約70メートル、幅が約35メートルもある巨人がいた。丘に座って海辺の大蛤(おおはまぐり)を採るほど大きく、食べた貝殻がうつ高く積もって丘となった。これを大櫛(おおくし)の岡と呼ぶ」(『常陸国風土記』一部要約)とあり、一面に広がっていた貝塚を、「巨人が食べた貝殻の山」と想像していたことがわかります。

大串貝塚は一部保全されて、現在「大串貝塚ふれあい公園」となっています。折居神社は、公園のある台地の南東部分に鎮座しています。社叢(しゃそう)は巨木も多く、うっそうとしていて、深い森の中にいるようです。元の御神体は台地先端にあった「折居の泉」(41)と考えられます。鹿島神宮の武甕槌大神が東国征討した時、馬から下りてこの霊水を飲んだので、そこから「下り井(おい)」と呼ばれたという伝承があります。

(40) 主に前期の貝塚で東茨城台地先端部に位置し、台地上から南斜面、台地東側、折居神社裏手の崖斜面の三か所に貝層がある。『常陸国風土記』に登場することから、最も早く文献に記された縄文遺跡と称される。国指定史跡。

(41) 車道を挟んだ向かいにあったが涸れてしまった。現在は石碑が建っている。

野爪鹿嶋神社（のつめかしま）

結城郡八千代町

鬼怒川の畔の品格漂う古社

鬼怒川流域西側に位置する八千代（やちよ）町は、常陸国との下総国（しもうさのくに）の境界エリアにあたります。この周辺から鹿島（嶋）神社よりも香取神社が圧倒的に多くなるのをみると、鬼怒川が両神社の影響力の境界線でもあるようです。

そんな八千代町に鎮座する野爪鹿嶋神社は８０６年創建の古社ですが、平将門（たいらのまさかど）(42)の乱の時に社殿が燃えてしまったと伝わります。境内周辺には縄文中期以降の遺跡(43)があり、太古から、鬼怒川中流域の重要な場所だったことを物語っています。

広い境内と社殿も品格があり、その歴史の深さを伝えています。凛とした空気に満ちた境内には、新しい社殿の摂社も多く、氏子（うじこ）さんの信仰の深さを感じさせます。

境内を出ると畑の向こうに青々とした土手と、筑波山の美しい山容が見えました。土手に上がると、鬼怒川の悠々とした流れが見えます。この光景の美しさも、お社がある理由の一つかもしれません。

(42) ？〜９４０。桓武天皇の皇子・高望王の末裔で下総国を本拠地とする武将。天慶2年（９３９）に平将門の乱を起こす。常陸・上野・下野国府を攻略し、下総国猿島郡石井（いわい）（茨城県坂東市）に王城を築き、新皇を名乗った。

(43) 鹿嶋神社周辺遺跡。縄文中期以降の複合遺跡で、中期を主としての土器や石器が出土している。

若海香取神社（わかうみかとり）

行方市

貝塚の貝殻だらけのお社

現在霞ヶ浦は淡水湖ですが、縄文時代には古鬼怒湾の一部でした。霞ヶ浦東岸に位置する行方市（なめがた）にも海が入り込んでおり、貝塚がたくさん見つかっています。若海香取神社の周辺にも４地点の貝塚が点在し、若海貝塚と呼ばれています。若海貝塚は中期を主とした集落跡で、石棒や男性の遺体がほぼ完全な形で発掘されて、注目されました(44)。

境内は車道よりも一段高い場所にあり、いかにも縄文神社らしい佇（たたず）まいです。石鳥居に寄り添うように巨木がのび、樹皮の赤茶色と地面の明るい茶色がマッチしてなんとも美しい境内にうっとりします。拝殿でお参りしてから、周辺を見てみようと一歩踏み出すと、バリバリッという音がして驚きました。貝塚の貝殻を踏んでしまった……と動揺する私。最近拾ってきたかのようにきれいな形の貝殻がたくさん落ちています。申し訳なく思いつつも、こんなに貝塚を体感できる神社はなかなかないぞと、ありがたい気持ちでいっぱいになりました。

(44) 人骨は40代以上の男性で、身長が１６８cmから１７１cm。この時代の男性は１５８cmが平均とされるので、かなりの長身。うつ伏せで両膝を折り曲げた形状で、埋葬されていた。

藤岡神社

栃木市

奥東京湾最深部の貝塚〝篠山貝塚〟

最も海進が進んでいた縄文前期には、現在の「渡良瀬遊水地(45)」付近まで奥東京湾が入り込んでいました。遠浅のとても豊かな海で、様々な魚介類が生息しており、多くの貝塚や集落遺跡が発見されていることから縄文の人々がたくさん暮らしていたことがわかっています。

そんな奥東京湾の最奥に位置する「篠山貝塚(46)」があるのは栃木市藤岡町。そして本項でご紹介する藤岡神社は、その藤岡町の総鎮守(47)として信仰を集めてきた古社です。

藤岡神社は、篠山貝塚から2・5キロメートルほど北西の藤岡台地西端に位置しており、境内の周辺からは、前期後半から晩期にわたる集落跡である藤岡神社遺跡が見つかっています。境内地は発掘調査がされていないため詳細は不明ですが、土器のかけらなどが表面採集されると聞きました。

藤岡神社が鎮座する藤岡台地は、いかにも縄文の人々が好みそうな地形です。その足元には渡良瀬川が流れていましたが、大正時代に遊水地を造成するにあたって流路

陽の気に満たされる〜

(45) 栃木、茨城、群馬、埼玉4県にまたがる日本最大の遊水地。思川と巴波川が合流する地点である渡良瀬川下流部には、かつて赤麻沼・石川沼・前原沼、板倉沼などがあった。

(46) 草創期〜前期の継続的貝塚で、旧渡良瀬川左岸、現渡良瀬遊水池に面した位置にある。前期の竪穴住居跡4軒が確認されているが、馬蹄型集落とみられ、さらに多くの住居があったことが想像される。

(47) その国や土地を護る神や神社。

境内と周辺図

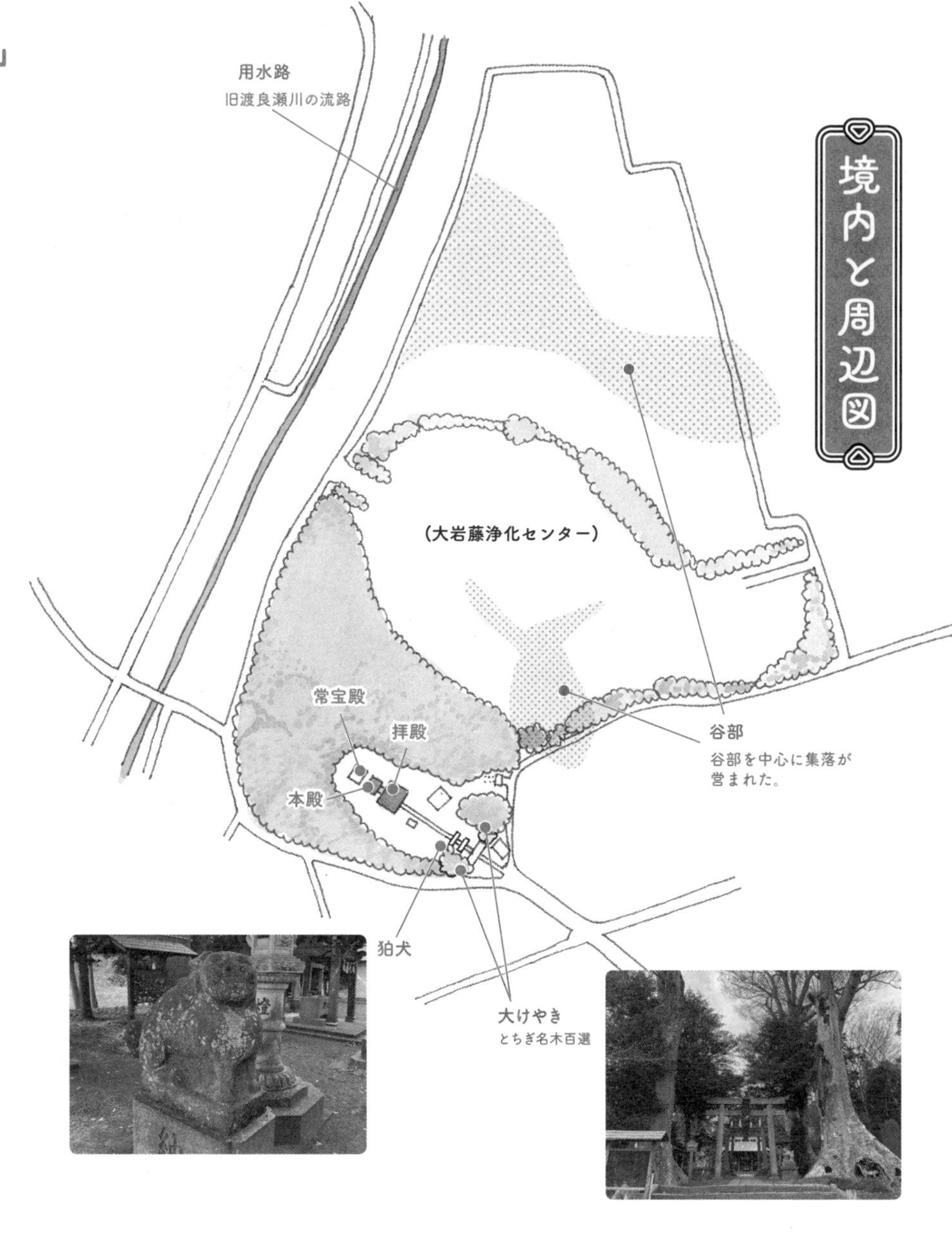
用水路
旧渡良瀬川の流路
(大岩藤浄化センター)
常宝殿
拝殿
本殿
谷部
谷部を中心に集落が
営まれた。
狛犬
大けやき
とちぎ名木百選

が変更され、現在は小さな用水が流れる田地になっています。

縄文フジオカの人々の豊かな暮らし

藤岡神社遺跡は、出土物がとにかく豊富で個性的。縄文時代の本や論文を読むと、「代表的な例」「こんな遺物もある」……といった形で登場する、有名な遺跡です。そんなわけで、栃木県の縄文神社をリサーチしようと思った時に、まず頭に浮かんだのが藤岡神社でした。改めて確認してみると、出土物の種類の豊富さと質と量に圧倒されます。竪穴（たてあな）住居跡などの遺構の数も多いですが、土偶はなんと２０５点、石棒・石剣は３５２点、独鈷石（とっこいし）は41点も出土しています。

さらに興味深いのは、このように祭祀具がたくさん出土しているのに、ストーンサークルのような祭祀目的の遺構は確認されず、祭祀具も、各住居跡に分散して出土していることです。そして耳飾りや垂れ飾りのような装飾品も大量に出土しています。何か特別な意味のある集落だったのでしょうか。

それ以外にも個性的な出土物があり、中でも有名なのがイヌ(48)の土製品です。イヌは尻尾を立てて獲物に吠えかかっている様子に見えます。また、丁寧に埋葬された犬の頭骨も出土しており、縄文フジオカの人々にとって、イヌが大切な存在だったことがわかります。漁具も出土しているので、淡水魚なども食べていましたが、メイン

（48） 日本最古のイヌ骨は、夏島貝塚（横須賀市、縄文早期）で発見されている。遺伝子研究から、北海道犬や琉球犬には、縄文犬の型がそのまま継続されていると指摘されている。

イヌ形土製品と縄文犬

イヌ形土製品が発見されたのと同時期（縄文後期）の遺構からは、イヌの頭骨も発見されました。ミニチュア土器や石鏃が副葬品として埋葬されており、大切な存在だったことが想像されます。その頭骨を元に復元したのがこちら。愛称が公募されて、"藤丸"と名付けられました。肩までの高さは37cmで、現在の柴犬と同じくらいで少し胴長だったようです。イヌ形土製品とよく似ています。

イヌ形土製品（栃木市教育委員会　提供）▶

◀▲縄文犬"藤丸"（栃木県埋蔵文化財センター　提供）

のたんぱく源はイノシシやシカだったようです。

そして出土した人骨を分析すると下半身が頑強で、狩猟するのに適した体形であり、抜歯（ばっし）(49)などの風習も少ないことから、「山間部の縄文人」の特徴を示しています（栃木県教育委員会『藤岡神社遺跡』）。一つ丘を越えれば篠山貝塚のある海（奥東京湾）に近いエリアに出られますが、海辺の貝塚人とは異なる、山の文化に属する人々だったのでしょう。彼らにとって、イヌは大切なパートナーだったのです。

縄文フジオカの人々は、タヌキやキツネといった動物はあまり食べず、イノシシとシカを多く食べていたようです。ということは、食材を選べるほど、イノシシもシカも豊富だったのかもしれません。豊富な出土品からしても、豊かなムラだったのでしょう。そんなイメージを思い浮かべながら、藤岡神社にお参りしてみましょう。

大欅（おおけやき）に守られた静かな境内

境内の正面に立つと、鳥居の左右に立つ大欅が、まるで門番のように迎えてくれます。境内にはこの大欅以外にも、欅の大木がちらほら見え、濃い緑の中に白みがかった樹皮が目立って、強い印象を与えます。

参道には石鳥居が何本も建っており、その一番手前の扁額（へんがく）を読むと「正一位　六所大明神」とありました。藤岡神社は何度も燃えてしまったので、創建について詳細は

(49) 縄文後期から一般化して、弥生時代まで行われた。その目的については成人式、服喪や再婚、刑罰など、諸説ある。

不明ですが、940年前後の創建と伝わります。扁額にあるように、長らく「六所大明神」と呼ばれており、江戸時代には「紫岡神社」とも表され、明治に現在の藤岡神社という表記に改められたようです。

鳥居の他にも、狛犬や石灯籠がたくさん安置されています。そのどれもが個人の献納のようで、地元の皆さんに大切にされてきたお社であることがよくわかります。

いくつも鳥居をくぐって参道を進むと、下半分に渋い赤色が施された拝殿が現れました。緑色の屋根がのびやかで、素朴ながらもきりっとした佇まいです。境内は社叢にしっかりと囲まれていて、外の様子は見えません。それでも空間が広く感じられ、心地よい風が抜けていきます。

周囲を歩いて縄文地形を感じる

社殿の右手の方に、車道へ抜ける小さな鳥居があります。車道はゆるやかな坂道なのですが、よく見ると浅めの谷であったことがわかります。この谷を囲むように半環(はんかん)状(じょう)に、中期の集落跡があったようです。

一度正面に戻って、境内の外周を歩いてみます。すると、境内は、車道より2メートルほど高い位置にあり、左手にかつて渡良瀬川だった用水が現れます。そのまま外周に沿って進んでいくと、浄化センターの左に広い原っぱが広がり、大きな谷状の地形になっていることがわかります。この谷を挟んだ高台に、後期から晩期の集落が出土したそうです。谷があるということは、かつては湧水もあったでしょう。旧・渡良瀬川にほど近い台地と湧水、その水を中心として、人々の暮らしが営まれたのです。

　そして豊かな渡良瀬川の流れは、交易路でもありました。遺物には、八ヶ岳の黒曜石製の石鏃、秩父（ちちぶ）産の緑泥片岩（りょくでいへんがん）製の石棒、外洋に生息するベンケイ貝製の腕輪(50)……といった各地の特産品が出土しており、盛んに交易していたことがわかります。

　今の藤岡神社の周辺は、のどかな田園地帯でとても静かです。奥東京湾と内陸部とをつなぐ拠点的集落だった縄文時代の方がにぎやかだったかもしれません。

　時代によって人の流れは変わります。そのために土地の記憶は、わかりにくくなってしまうこともありますが、〝神社〟があり続けることで、遠い昔の人々や物事の存在を思うことができる。そしてその場所に縄文遺跡があるとなれば何千年もリーチがのびていき、そこには豊かな想像が広がります。藤岡神社にお参りして、「縄文神社」は、そんなことに気づきやすくなる考え方だと改めて実感しました。想像をはばたかせるための「心の拠点」にできると言いましょうか。手前味噌ですが、「〝縄文神社〟の考え方、やっぱりいいかも……」と無性に嬉しくなってしまいました。

(50) ベンケイ貝は外洋の水深約10～20ｍに生息し、茨城県の海が北限。縄文後期以降に東日本全域で大流行した。

中根八幡神社（なかねはちまん）

栃木市

大規模環状盛土遺構と湧水のお社

渡良瀬遊水地が造られる前には、河川に加えて、いくつもの湖沼（こしょう）が点在していました。中でも北部に赤麻沼（あかまぬま）という大きな沼があったのですが、この赤麻沼に面した台地上に、直径約120メートルにも及ぶ環状盛土遺構(51)の集落跡・中根八幡遺跡が発見されたのです。中根八幡神社は、この遺跡の中心となる湧水の側に鎮座するお社です。

創建時期などは不詳ですが、この湧水の存在が、お社が建立（こんりゅう）される理由であったと考えていいのではないかと思います。

低地側に面して石鳥居があり、湧水池は参道の東に位置していてかなりの大きさ。東側が高台になっていて、遺跡はこの上から東方に向かって位置しています。

この高台は小さな林になっており、この木陰から池を眺め、東側を眺めるのがお勧めです。畑にお堂と石仏群がありますが、そのあたりが環状の中心窪地（くぼち）にあたります。中世には大きな寺院があったそうで、八幡神社との関係が気になります。

ほっとする……

(51) 縄文後期から晩期にわたって構築された、ドーナツ状あるいは馬蹄型に盛り土をしたムラの形態。栃木県小山市の寺野東遺跡で初めて発見された。埼玉県東部・千葉県から栃木市周辺で発見が相次いでいる。

祖母井神社

芳賀郡芳賀町

根源は湧水「姥が池」

宇都宮市の東に接する芳賀町は、町の中央を五行川が南流するのどかな農村地帯です。五行川は東側に二段の河岸段丘を形成しており、一段目に祖母井(52)の集落、一段と二段の接続地点に「姥が池」と呼ばれる美しい湧水池があり、二段目の台地上から縄文時代の大集落遺跡が発見されています。

この集落は、縄文中期以降、約1700年にもわたって営まれましたが、豊富な水源・姥が池があったからこそ可能だったのでしょう。姥が池は縄文の人々の生活の中心であり、地域を育む母なる存在として信仰されたと考えられます。祖母井神社は、姥が池への信仰を根源として成立したお社で、太古の信仰を今に伝えているのです。

祖母井神社は、姥が池から500メートルほど離れた街中に鎮座しています。創建は1145年とされ、当時は村の北東隅に彦火火出見命、須佐之男命を祀って「上の宮」、姥が池の側には木花開耶姫命を祀って「下の宮」と呼んだと言います。江戸時

厳島神社

心に染みる

(52)「うば」は崖地形を表すこともあり、語源には諸説ある。

祖母井神社と旧下の宮図

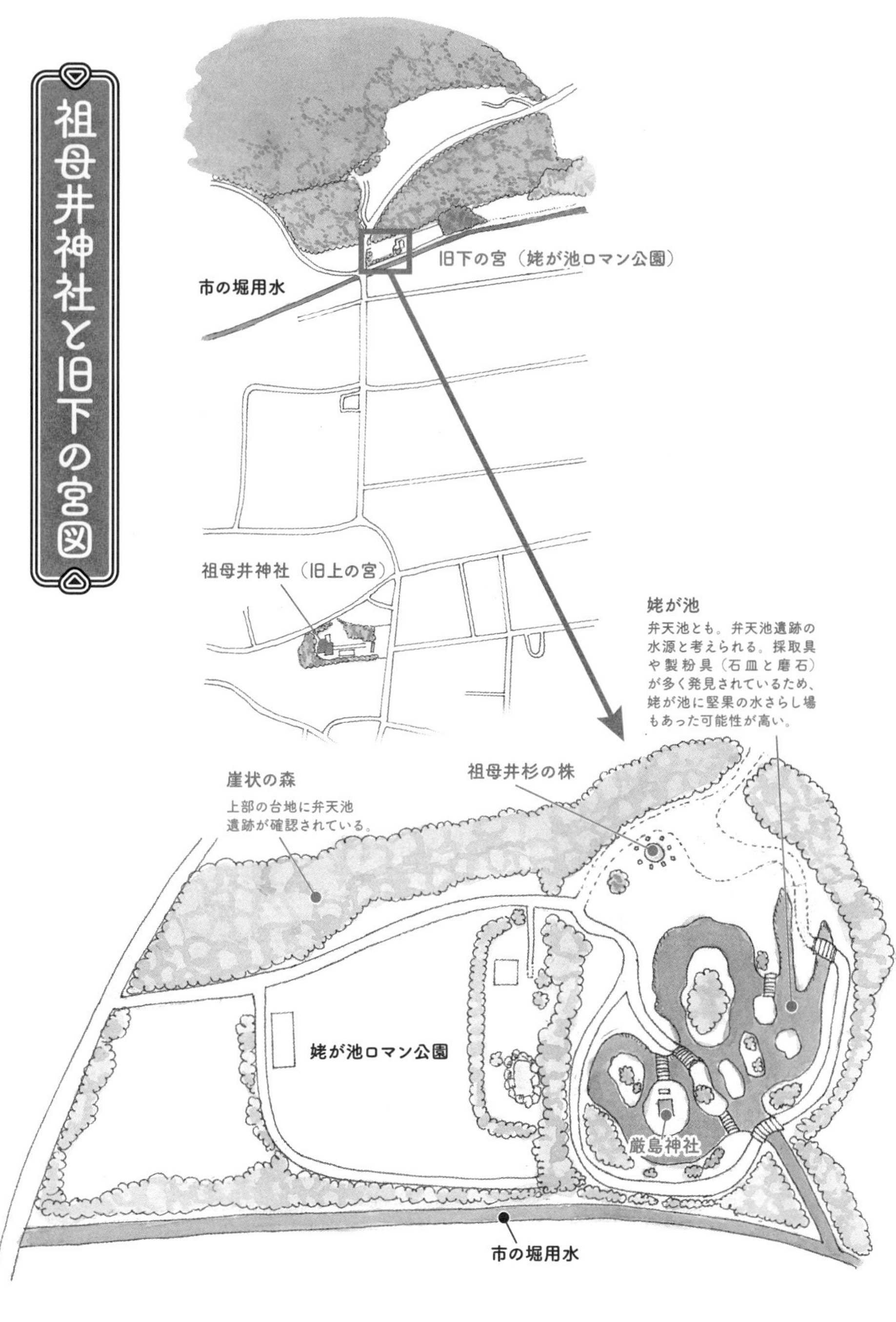

代になると、下の宮と上の宮を合併して星宮（ほしみや）三社と称し、明治になってから祖母井神社と改称したそうです。

「姥」と恵みをもたらす女神

由緒によれば12世紀の創建ですが、姥が池への祭祀は、それ以前から行われていたでしょう。例えば「姥が池」という名前には、日光山（にっこうさん）を開山したことで有名な勝道上人（しょうどうしょうにん）(53)が関わっています。勝道上人の「姥」がこの地に住み、この池の水を勝道上人の産湯（うぶゆ）にしたことから、「姥が池」と呼ばれるようになったと伝わるのですが、勝道上人は735年生まれなので、神社の創建よりもだいぶ前の人物です。

そして、産湯を用いたのが「姥」だった点が要注目です。姥は老婆、祖母、乳母といった意味で、実母というよりは、「母的」存在を意味します。民話でも「山姥」が登場しますが、山の女神の零落（れいらく）した姿と読み解くことが多いのです。このように「姥」は、経験豊富な老婆の姿をした、恵みをもたらす女神のイメージをまとっているのです。

当時の人々の間に、勝道上人は「池の女神の加護をいただいた聖なる人」というイメージがあったのではないでしょうか。ひょっとしたら元は関わりがなかったものの、聖なる存在同士を結び付けて、ありがたい存在を寿（ことほ）いだのかもしれません。それくらい勝道上人も、姥が池も尊い存在だったのでしょう。

(53) 735〜817。下野国芳賀郡生まれ。俗姓を若田氏という。三戒壇の一つ・下野国薬師寺の如意僧都より受戒。輪王寺、中禅寺などの開基として崇敬される。

水神の祭祀と深緑の世界

現在、姥が池は公園として整備されています。まずは街中の祖母井神社に参拝してから向かいました。公園の入口から池に向かう道の左手斜面に木々が茂っています。この斜面の上に縄文時代には大集落(54)が形成されていたのです。

芝生広場を抜けると雰囲気が変わり、湿度を帯びてひんやりとします。深緑の下を水流がくねくねと走り、日光が差し込むと水面に木々の影が映って、ストライプ模様のように見えました。幽玄で不思議な美しさです。異世界のようなその光景を、私はしばらくぼーっと見ていました。

中央の島には厳島神社が鎮座しています。小さな石祠は新しいものでしたが、この不思議な世界を優しくまとめているように思いました。地元の人は、この池を弁天池と呼ぶそうですが、このお社に由来するのでしょう(55)。

ふと台地上の遺跡から出土した蛇の装飾のある土器が頭に浮かびます。栃木県では珍しい勝坂式土器(56)で、水の祭祀に関わると考えられている土器です。あの土器が持つ美しさと、この深緑色の水辺の光景と重なる雰囲気があるように思いました。軽妙というよりは重厚。でも、どこかから見守ってくれるような、静かな優しさのようなものを感じます。

(54) 弁天池遺跡。竪穴住居などが100m以上の範囲で確認されているが、それも全体像ではなく、さらに広範囲にわたると考えられてる。

(55) 厳島神社の祭神・市杵島姫命は、仏教の女神・弁才天の化身と考えられる。

(56) 縄文中期の関東を代表する土器で、デコラティブで豪華な様式。

押原神社

鹿沼市

フラットな地形に発見された重要な遺跡

栃木市と日光市の間にある鹿沼市は、東と中央に低地と河岸段丘、西側は足尾山地に接して、徐々に高くなっていく地形になっています。押原神社が鎮座するのは河岸段丘の上なのですが、周辺の低地と変わらない標高で、一見縄文遺跡があるとは思わない地形です。しかし、押原神社の周辺には、明神前遺跡というとても有名な遺跡があるのです。

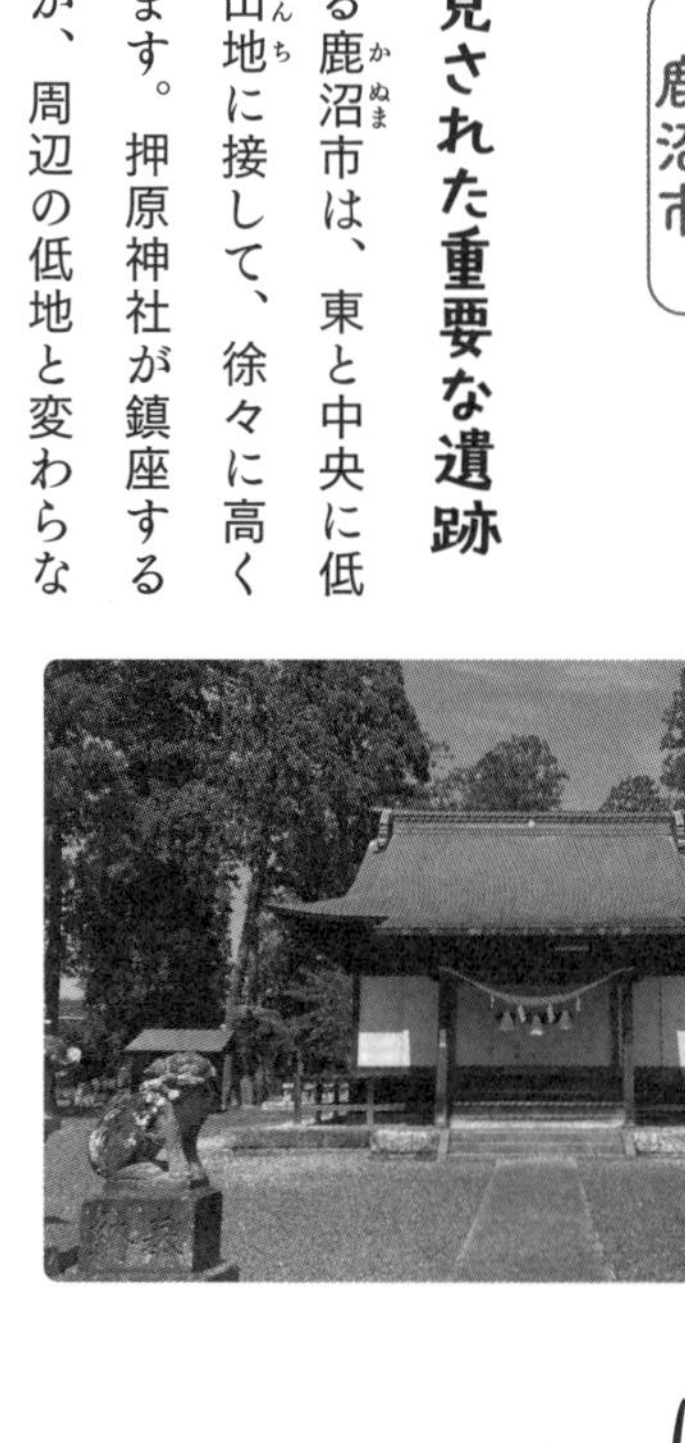

明神前遺跡は、早期から晩期にわたる祭祀遺構や住居跡、多彩な遺物が出土している遺跡です。中でも貴重な「水さらし場遺構」が発見されたことで注目されました。「水さらし場」はドングリや栃の実などのアクを抜くための施設で、縄文中期後半以降のムラにはあったものですが、その全貌は明らかではありませんでした。しかし、明神前遺跡ではプールの木組み、プールの底に引いたヨシ製の網代までも残存していました。この発見によって研究が一気に進展したのです。そんなエポックメイキングな遺跡に鎮座するのが押原神社となると、参拝しないわけにはいきません。

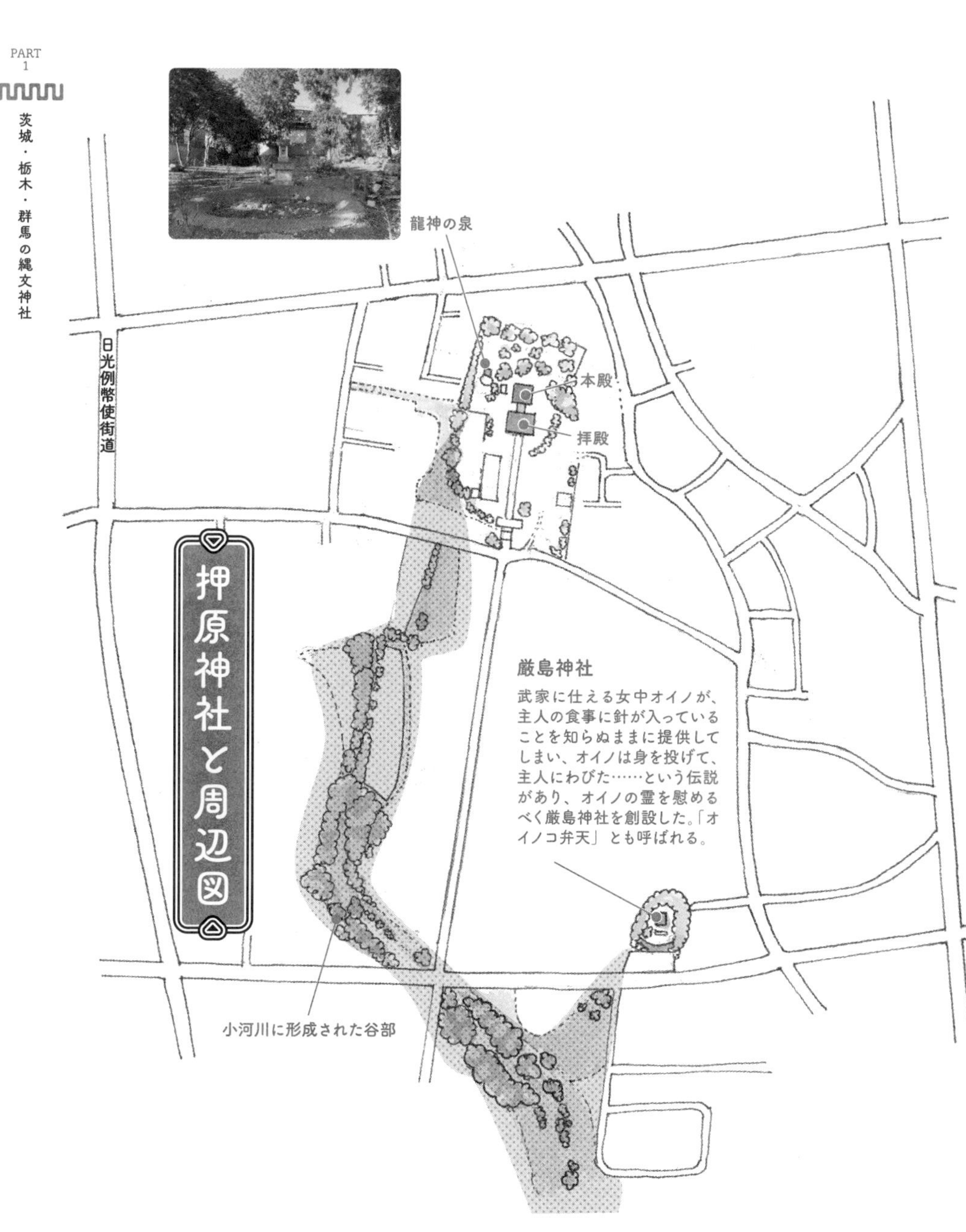
押原神社と周辺図
龍神の泉
本殿
拝殿
日光例幣使街道
厳島神社
武家に仕える女中オイノが、主人の食事に針が入っていることを知らぬままに提供してしまい、オイノは身を投げて、主人にわびた……という伝説があり、オイノの霊を慰めるべく厳島神社を創設した。「オイノコ弁天」とも呼ばれる。
小河川に形成された谷部

オオモノヌシと龍神の泉

栃木から日光へ向かう旧街道（日光例幣使街道）から細い道へ入ると、静かな住宅街に、押原神社が現れます。ざっと見る限り、神社の境内も周辺の住宅も高さが同じなことに驚きます。ここまで段差のない神社もなかなかないでしょう。

正面の鳥居の前に小さな鉄の太鼓橋がありますが、側溝に水は流れていません。拝殿と本殿は土台を盛り上げてあって、周囲よりも高くなっています。境内の左手には子供たちが遊ぶ公園もあり、なんとものどかです。全体的にあっけらかんとして、明るい雰囲気です。そしてゆったりと時が流れていきます。

社殿もどことなく親しみやすい雰囲気です。創建は８０９年。押原宗丸という人が大和（奈良県）の三輪大神（大物主命）(57)を勧請(58)し、総鎮守としたと伝わります。広大なお社で、押原杉本大明神と呼ばれていたそうです。参拝を終えて周囲を見ると、社叢は若木が多くて、ちょっとまばら。しかし「杉本」と呼ばれていたということは、かつては杉の大木が立ち並ぶ深い社叢が、境内を覆っていたのでしょう。

左手の奥にはかつては湧水「龍神の泉」があって池を成し、周辺の人々の生活を支えていたと言います。現在は涸れてしまいましたが、由来を書いた石板、石祠とセメント製の池状のものが作られていました。石板によれば、御祭神の大物主命が境内に

（57）奈良県の三輪山（御諸山）を御神体とする大神神社の祭神で、三輪氏の祖神。

（58）神仏の分身・分霊をほかの土地に遷し祀ることをいう。

泉を湧き出させて龍神を住まわせたとありますが、これは後で整えられた神話で、湧水があったからお社が造られたと考えていいでしょう。

加えて大物主命は〝偉大なる精霊（もの）〟という意味があり、その本体は蛇と考えられ、龍や水と縁の深い神様です。今は涸れてしまったようですが、この台地の東を流れる黒川（くろかわ）の伏流水（ふくりゅうすい）が湧き出るポイントがいくつもあったそうです。その湧水の中でも突出した存在だったのがこの「龍神の泉」で、その泉を祀るお社に、大物主命が祀られた……とすれば、とても腑に落ちる気がします。

住宅地の中に現れるフラットな境内

龍神の泉から流れ出る小川は、谷を形成していました。また400メートルほど南の地点に今も湧いている池があり、現在は厳島神社が祀られています。『鹿沼市史』に、「古老によれば、四、五〇年ほど前まで『子どもたちが泉に向かって飛び込める』

ほど水量が豊富であったといわれる」とあり、すると相当に深く大きな池を成していたことが想像されます。そしてこの水源も谷を形成していました。

「水さらし場遺構」が発見されたのは、この谷の少し下の位置の湧水ポイントだったようですが、縄文時代においても、一帯からいくつも湧き出す豊富な水源が、長期にわたってムラを継続できた理由でしょう。

湧水の神と聖なるムラ

ただ不思議なのは、この「水さらし場」などの遺構がたくさん造られた時期（後期）に、それに見合うだけの居住地が出土していないということです。この遺構は、自然環境をそのまま活用するのではなく、土地改変を行って環境を管理していたそうで、それには相応の労働力が必要だったはずです。それなのに、住んでいる人が少ないムラという、この矛盾……。

しかし、同時代の墓場や石棒を伴う祭祀遺構などが出土しているので、周辺の集落から人が集まって共同で管理し、祭祀も行う特別な場所だったということかもしれません。残念ながら、現在の境内に祭祀遺構があったかは定かではありません。しかし、押原神社を北端として、現在も湧水がある厳島神社に至る地域一帯が、特別な場所と考えられていたかもしれないと思いました。仮に〝聖なるムラ〟と呼んでみることにします。

豊かな湧水池と小川、そして谷筋を想像しつつ、押原神社から厳島神社まで歩いてみます。龍神の泉を背に、右側の境界をのぞいてみると、公園の方向に沿うようにコンクリートの側溝がありました。今は水がありませんが、ここを泉の水が流れていたのかもしれません。

厳島神社（オイノコ弁天）

参道に戻って鳥居から一歩出ると、ランドセルを背負った子供たちが、笑い声をあげて通り過ぎました。厳島神社までの道をゆったり歩いて5、6分。だいたいこの範囲に、縄文後期の聖なるムラがあったと想像してみます。

すると、一見現代的な住宅地だけど、実は神秘的なものが潜（ひそ）んでいるのよね……と思ったりして、無性に嬉しい気持ちに満たされたのでした。

鹿嶋神社（玉田町）

鹿沼市

風格のある佇まいと「陽」の気配

東武日光線の北鹿沼駅から北に500メートルほど行くと、線路沿いに坊山と呼ばれる台地が現れます。この坊山の東南部の先に、鹿嶋神社が鎮座しています。境内の前側と裏手(59)に遺跡が出ていて、特に裏手で発見された遺跡は、この地域の拠点的な環状集落だったと考えられます。

創建は1370年と新しいですが、実に晴れやかな立地で、それ以前から神祀りが行われていたのではないかと想像します。社叢はこんもりとして静まりかえり、全体から品のよさが滲み出ていて、風格を感じる佇まいです。

鳥居からのびる石階段はかなりの急こう配です。階段を上るにつれ、晴れやかな気配が増していきます。土地に陰陽があるとすれば、この地の属性はまさしく「陽」です。境内は地域の皆さんのお手入れが行き届いて清々しく、社殿も石祠の一つ一つも、輝いて見えました。

力が湧き上がる！

(59) 前側は鹿嶋神社前遺跡。早期・前期の遺跡。裏遺跡と相対しているものの時代は微妙にずれている。裏側は鹿嶋神社裏遺跡。早期、前期、中期の遺跡で、中期集落からは住居跡11軒、貯蔵穴が60基も出土している。

板倉(いたくら)神社

足利市

栃木県第2位の巨大石棒を祀るお社

板倉神社の鎮座地は、渡良瀬川の支流の一つ・松田(まつだ)川の段丘上にあり、神社と川に挟まれた平坦地に中の目(なかのめ)遺跡(60)が見つかっています。板倉神社境内に遺跡は確認されていませんが、中の目遺跡で発掘された巨大石棒が境内でお祀りされているので、縄文神社としてご紹介させていただきます。

お社には立派な石鳥居と拝殿があり、拝殿の裏に石段がのびています。石段の上の横長な境内には小柄で瀟洒(しょうしゃ)な本殿と摂社が並び、その一角に石棒が祀られています。

石棒は全長が157センチメートルもあり、その風格に驚きます。緑泥片岩製なので、群馬・埼玉北部エリアから運んできたものです。これだけ立派な石棒を所持できた中の目遺跡は、地域の中心的ムラだったと考えられます。今はとても静かですが、縄文時代にはたくさんの人々が訪れるにぎやかな土地だったのでしょう。ムラを見渡せる高台にある板倉神社の地にも、祈る場所があったかもしれません。

(60) 縄文中期から晩期の遺跡。東西約300m、南北400mの範囲に遺物が散在する。巨大石棒の他に、「おこり石」と呼ばれる1m以上の大型石皿(川原石)があったという。

一之宮貫前神社（いちのみやぬきさき）

富岡市

群馬の豊かな文化力は縄文から始まる

群馬県こと上野国（こうずけのくに）は、律令制下で「大国」とされていました。朝廷は諸国を規模によって4等級に分けており、一番上の「大国」は13か国だけ。そのうち親王（しんのう）が太守（たいしゅ）になる国に定められたのは常陸国、上総国（かずさのくに）、そして上野国のみでした。このことは、上野国が朝廷に重要国の一つと考えられていたこと、それに値する経済力も文化力もある国だったことを伝えています。

そのように豊かだったのは、この時代からというわけではなく、奈良、飛鳥、古墳時代……と遡って縄文時代からの文化と富の蓄積があったからだと考えます。その土台があったからこそ力を持っており、朝廷も大国として扱わざるを得なかったのです。そんな確信を持てるほど、群馬には各時代で数多くの遺跡があります。そして縄文グンマの文化の分厚さは、これまたすごいものがあるのです。

そんな上野国の一宮は、県西部の富岡市に鎮座する一之宮貫前神社（以下、貫前神

境内図

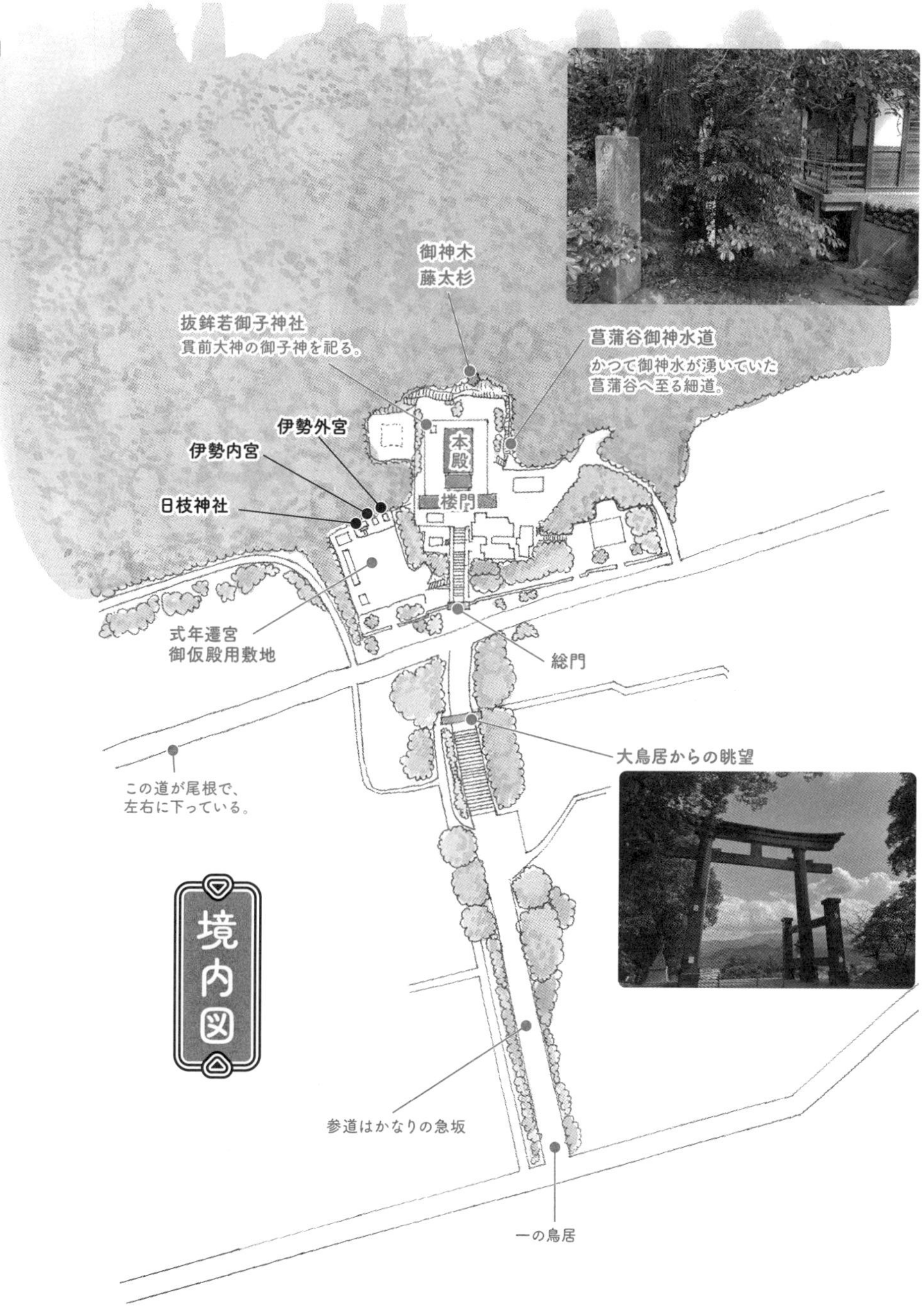

御神木
藤太杉
抜鉾若御子神社
貫前大神の御子神を祀る。
菖蒲谷御神水道
かつて御神水が湧いていた
菖蒲谷へ至る細道。
伊勢外宮
伊勢内宮
日枝神社
本殿
楼門
式年遷宮
御仮殿用敷地
総門
大鳥居からの眺望
この道が尾根で、
左右に下っている。
参道はかなりの急坂
一の鳥居

社）です。今となると山間部の静かな場所ですが、有史以来、信越地方との交易ポイントとして栄え続けてきたエリアです。群馬には文化的中心地がいくつもありますが、一宮がこのエリアにあるということが、その優位性を物語っています。縄文時代にも大規模な集落が営まれ、遺跡がたくさん発見されています。

貫前神社の境内から遺構は発見されていないのですが、石斧などの遺物は出土しています。大きな神社の場合、境内の造成を繰り返すため、遺構が出土することはまれです。そのパターンで考えますと、貫前神社も、縄文まで遡れる聖地ではないか、と想像します。

不思議な「下り参道」と三つの雷斧石

貫前神社の最も有名な特徴は、「下り参道」があるということでしょう。貫前神社へは、車道にある一の鳥居と本殿エリアに至る大鳥居と総門だと、標高差がなんと約28メートルもあります。そして総門からのびる下り参道は、拝殿の前まで約10メートルもくだります。普通なら、総門のある一番高いエリアに本殿を建てるでしょう。改めて不思議です。

この高いエリアは鏑川[61]の河岸段丘に位置します。丹生川と鏑川が近づく地点に位置する高台で、「蓬ヶ丘」と呼ばれます。本殿のある低いエリアは、「菖蒲が谷（綾

（61）群馬西部の下仁田町と長野東部の佐久市の間の物見山を水源とする利根川水系の一級河川。

見事な下り参道と立派な社殿

女谷)」に接する斜面部分を、削って作った造成地なんだそうです。この不思議な立地は、古代から始まっていたことが、境内の発掘で検証されています。大規模な土木工事をしてまで建て続けているということは、この位置でなくてはならない理由があるということです。

境内修築時の調査結果をまとめた『一之宮貫前神社調査報告書』によると、斜面にあった巨木が神の依り代として重要だったからではないかと推察しています。また、貫前神社の社誌には、この地に定めた理由が〝雷斧石(62)〟が出土して、神授と考えたため……とあるのです。この伝えに従えば、今の本殿エリア付近か

(62) 縄文時代の石斧を意味する。嵐の後に雨に洗われて、石斧などの石器が地表に露出することがあり、それを「雷神が使った道具が落ちている」と考えたからという。また『富岡市史』によると、昭和32年の遷宮式の折にも、二つの打製石斧が境内で採集されている。

ら石斧が三つも出土し、それを聖なる証として、社殿を建造したということになります。

名前が伝わらない「姫大神」

そんな想像を念頭に置きつつ参道を下りて、楼門から参拝します。優美な社殿は、江戸幕府・三代将軍徳川家光公の命による造営だそうで、間を置かず、五代の綱吉公も大修理をしています。上野国は徳川家が祖先とした世良田氏(63)の発祥地なので、上野国一宮への崇敬の気持ちが強かったということでしょう。

楼門からのびて、本殿を囲っている玉垣の周辺には、白っぽい小さな玉砂利が敷かれていて、とてもよく手入れされています。

その清々しさにうっとりしつつ裏手に回ると、急な崖になっていました。斜面に落ち葉がこんもりと積もり、空を覆うようにのびた樹々は、手つかずの自然林のように樹種が多様です。匠の粋を集めた豪華な社殿のすぐ側に大自然がある……という対比が、何とも言えぬ美しさを生んでいます。

『日本の神々 第十一巻 関東』（谷川健一編）に、「本殿背後には「菖蒲が谷」というところがあり、神水を汲む泉が湧いているが、女神を祀るので月一回は水が濁るといわれる」(64)とあったので、御神水を探します。すると本殿に向かって右側に「御神水道」の石標がありました。谷の下へ向かう急坂の細道で、行っていいものか迷って社務所

(63) 清和源氏・新田一門の得川氏の分流で、上野国新田庄世良田郷（太田市）に住したため世良田氏という。三河国の戦国大名・松平氏は、徳川家康の祖父・清康の時に世良田氏の後裔を名乗った。

(64) 一説に女神の月経のためともいう。また近くに丹生という地名もあり、祭神と合わせて武器製作との関わりも想像される。

でうかがうと、残念ながら現在、水は湧いていないとのことでした。

ところで、この「女神を祀るので水が濁る……」という伝承が気になります。貫前神社の御祭神は、経津主神（ふつぬしのかみ）[65]と姫大神の二柱とされていて、ここでいう「女神」はこの姫大神のことでしょうか。それとも女神は別にいるのでしょうか。

貫前神社は、延喜式に名神大社として掲載されていますが、中世から明治まで、抜鉾（ぬきさき）（鋒）神社とも表記されていました。これは、貫前神が祀られていた貫前郷（古名：綾女庄）に、抜鉾郷（碓氷（うすい）郡磯部郷）の抜鉾神が進出し、近くで祭祀されたために混同されたと考えられるようです。

少々複雑ですが、元々の土地神は貫前神だったということです。貫前郷の住人は、養蚕（ようさん）や機織（はたおり）に巧みな渡来人で、貫前神は彼らが祀る神と伝わります。養蚕や機織は水を使うので、水が濁るかもしれない。するとこの貫前神が女神だったかもしれません。

また、渡来系氏族の神という側面のほかに、西方にある荒船山（あらふねやま）の上に降り立った女神で、鏑川の水源の神とする神話もあります。貫前神は、このようにいくつもの神の顔を伝えています。おそらくこの地に伝わっていた古い神々の記憶を合わせて継承している神格だということでしょう。

そのように様々な言い伝えがありつつも、共通しているのが「女神」だということです。現在祀られている姫大神の名前は不詳とされていますが、そのミステリアスさ

（65）物部氏の氏神で、「ふつ」は断ち切ることを意味する。

にも、幾重にも折り重なった女神の面影を伝えているような気がします。

貫井神社との共通点

お参りを終え、参道を上って右手の日枝神社の鎮座する高台から、本殿エリアを眺めてみると、おや?と思いました。この立地、小金井市の貫井神社(66)とよく似ているんです。

日枝神社エリアから望む社殿

　貫井神社は、本殿の周囲を囲むように段丘(ハケ)が取り巻いていて、段丘上から見下ろすと、ちょうどこんな風景になります。そして段丘上に集落遺跡が出ていて、ハケ下の湧水が重要な水源として成立していたと考えられます。貫井神社はその湧水が根源で、その側に社殿があります。そのため「下り参道」はありません。そこが決定的に違います。

(67)

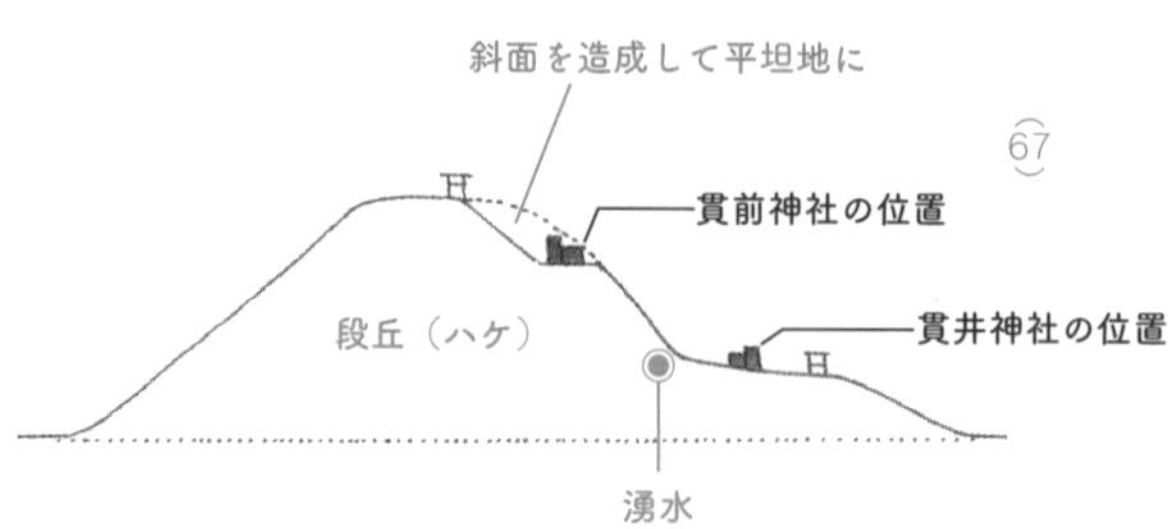

(66) 東京都小金井市に鎮座する。『縄文神社 首都圏篇』p107参照。

そこで、段丘と谷、湧水の関係から、両神社の地形的位置関係を描いてみました(67)。すると、貫前神社は段丘部分（蓬ヶ丘）から谷（菖蒲谷）に向かうハケの途中に造成された平坦地に鎮座しています。対して貫井神社は、ハケ下の平坦地に鎮座しています。いずれにしても本殿の奥にあるのは「湧水」で、おそらくはこの湧水が聖地の根源ではないか、というのが私の想像です。

貫前神社はやはり、御神木への強い信仰ゆえに、あるいは雷斧石が出土したから、斜面に社殿地を造成したのでしょう。そうでなければ、貫井神社と同じように湧水の近くか、段丘の上に本殿を立てたほうが、無理がないのです。

加えて雷への信仰も想像されます。雷雨のあとに石斧が発見されることがあったために、石斧は「雷神の落とし物」と考えられ、信仰されました。また巨木（御神木）も雷が落ちやすいですが、それもまた神の依り代として信仰されました。

つまり、この斜面に「御神木に雷が落ち、その側から石斧が三つも発見された」という椿事(ちんじ)が起こり、聖泉に対する信仰にプラスされて、「特別な聖地」と認識されたということかもしれません。

実は社伝には、「もとの社殿は菖蒲谷に鎮座した」とあるのです(68)。すると貫井神社と同じ配置になります。しかし調査報告書では、9世紀くらいから遺物が確認されるので、創建当初から、現在の本殿と同じ場所に位置していたと推察しています。

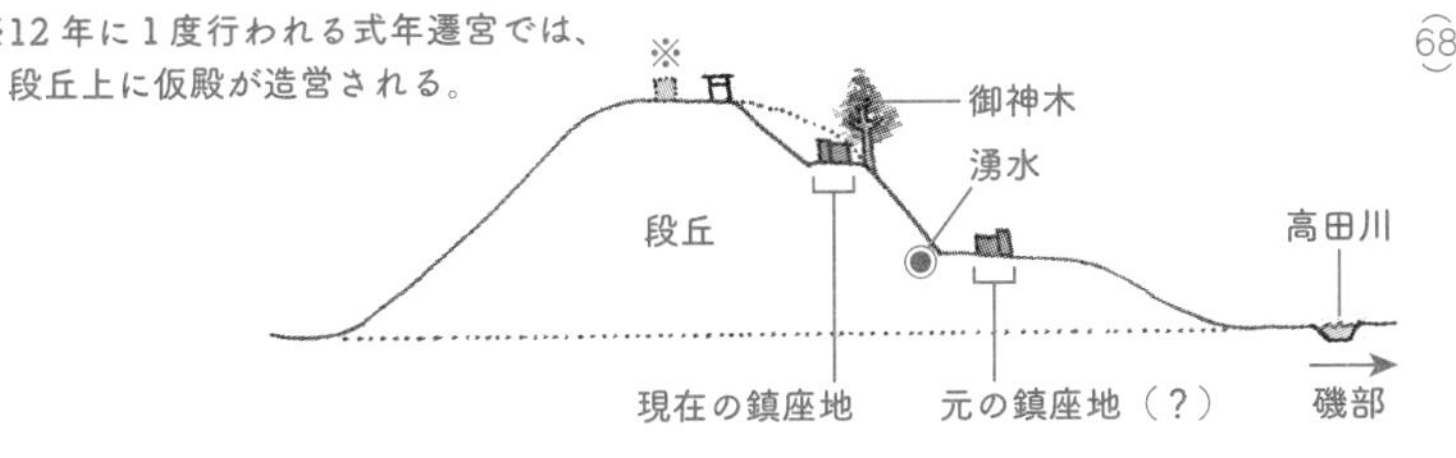

また考古学者の尾崎喜左雄博士(69)は、12世紀頃には、西側の台地上にあった弥勒堂が貫前神社と解されるに至っていたかもしれないと推察しています。(「貫前抜鉾両神社の研究」『群馬大学紀要』1964)

縄文神社的な視点では、台地の上に遺跡も遺物も発見されることが多いので、尾崎博士の推察に心惹かれます。台地の上に祭祀を行う場所があり、そして泉の近くにも、御神木の近くにあたる斜面にも祭祀を行うポイントがあったと考えると、とてもしっくりいくのです。

とびぬけて素晴らしい〝さき(聖地)〟

偶然ですが、貫前神社も貫井神社も「貫」が共通しています。「ぬく」は、古くは「抜きんでる」といった意味もありました。つまり貫井は「抜きんでた泉」の意味にもとれます。では「貫前(ぬき・さき)」とはなんでしょうか(70)。

「さき」は山や丘が平地に、陸地が海や湖につきだした土地を意味し、聖地とされることが多い地形のことです。「貫前」は古くは「ぬきのさき」と呼んだ可能性があるのですが、「ぬき」の意味は不明と、尾崎博士はおっしゃいます。そこで私は貫井を参考に想像力をはばたかせて、「ぬきさき」は、「抜きんでたさき(聖地)」では?と考えるようになりました。

(69)1904年~1978。神奈川県生まれ。群馬県下で特に古墳発掘に携わって群馬大学で長年教鞭をとり、群馬考古学の基礎を築いた。300以上の古墳を調査し、群馬県古墳発掘の父と呼ばれる。

(70)社伝(『上野国一の宮国幣中社 貫前神社社誌』)には、「経津主命と武甕槌命が大国主命に対して国譲りを勧めるにあたり、十握剣を抜いて地に立てて、剣のミネに踞して威を示したことにちなむ」(筆者抄訳)とある。

これまでお話ししてきた通り、縄文神社は、「さき」の地形に鎮座していることが多いのです。貫前神社の鎮座地は、人の手によって造られたものですが、とびぬけて素晴らしい「さき」です。「縄文神社」というコンセプトを掲げる本書では、「とびぬけて素晴らしい縄文神社」と読み解いてみたいと思います。

総門をくぐり、改めて大鳥居の前に立つと、一ノ宮町の街並みと、淡く重なる山並みが眼前に広がりました。

蓬ヶ丘と呼ばれるこの丘陵から見えるすべてが、この上なく美しく見えます。街は鏑川の河岸に広がりますが、その周辺に縄文以降の遺跡が見つかっています。ひょっとしたら、暮らしの場はそのあたりで、蓬ヶ丘は霊山として聖別されていたかもしれないと思いました。

そういえば蓬ヶ丘の語源は、どこからきているのでしょう。確かな説を見つけられなかったのですが、一般的な漢語表現では「蓬丘（ほうきゅう）」は、「蓬萊（ほうらい）」を意味します。蓬萊は中国神話で東方にある霊山のことです。そして西方には西王母（せいおうぼ）が住む崑崙山（こんろんさん）があると考えられたのですが、貫前の女神が降り立ったという荒船山は、ちょうど西方にあります。

荒船山の山頂には泉が湧き、まるで仙境（せんきょう）のようです。そして石鏃が発見されており、縄文の人々の痕跡があります。次は、貫前神社の根源の地・荒船山に登拝（とはい）してみましょう。

荒船神社〔奥宮・里宮〕

甘楽郡下仁田町

貫前神の原点とされる山頂の湧水

荒船山は標高1423メートルのテーブルマウンテンで、その平らな山頂(71)は、全長2キロメートル、幅400メートルに及びます。大きな船が山に載っているような個性的な山容で、それに加えて山頂に水が湧き、湿地や沢を成しているというんですから、いっそう驚きます。まるで仙境のよう——そう感じるのは昔の人も同じだったようで、荒船山は神の坐す山として信仰されました。貫前神はまずこの荒船山に天降って、その後、貫前神社に遷ったと考えられてきたのです。

群馬には赤城山や榛名山や妙義山など名山が多く、それぞれが神山として信仰世界を形成しています。荒船山もその中の一つで、貫前神が移動した「荒船山→貫前神社」というルートは、その信仰圏をあらわしていると考えていいでしょう。

山頂から流れ落ちた水はやがて鏑川となり、東方へ流れていきます。貫前神社は鏑川の河岸段丘上に位置していますが、上流に点在する河岸段丘でも、縄文遺跡が数多

(71) 101ページの艫岩の写真を参照。

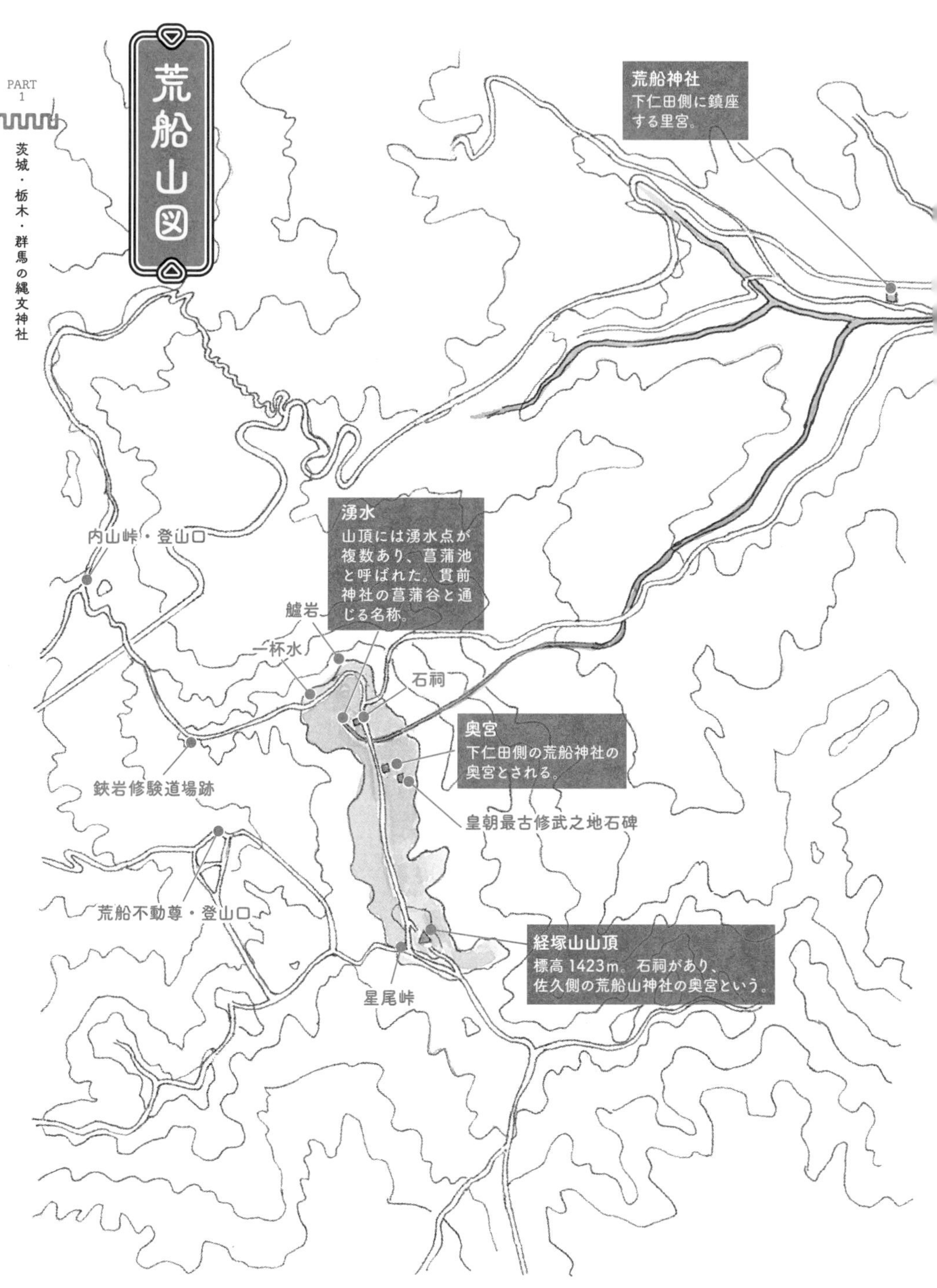
荒船山図
荒船神社
下仁田側に鎮座
する里宮。
湧水
山頂には湧水点が
複数あり、菖蒲池
と呼ばれた。貫前
神社の菖蒲谷と通
じる名称。
内山峠・登山口
艫岩
一杯水
石祠
奥宮
下仁田側の荒船神社の
奥宮とされる。
鋏岩修験道場跡
皇朝最古修武之地石碑
荒船不動尊・登山口
経塚山山頂
標高 1423m。石祠があり、
佐久側の荒船山神社の奥宮という。
星尾峠

く発見されています。鏑川の水源の一つである山頂の湧水付近から石鏃が発見されるのも、縄文の人々にとっても荒船山が信仰対象だったからでしょう。

内山峠から荒船山山頂へ

荒船山には、様々な伝説が語りつがれています。中でも印象的なのは、安閑天皇[72]の時代（6世紀初頭頃）、インドのアショカ王[73]の妹姫が、笹岡山（荒船山の別名）に降り立ち、山頂の湧水に住んだという伝説です。アショカ王は、紀元前3世紀頃の実在の人物で、仏教説話によく登場する聖王です。この物語もそんな説話の一つで、おそらく中世以降、修験道の行者が核となって語った神話でしょう。

この物語から読み取れるのは、貫前神（中世の伝説では抜鉾神と表記される）は、外の世界からやってきた神で、水にまつわる女神だということ。このイメージは様々な伝説で、一貫しています。そんな貫前神が住まう山頂へ、そして縄文時代の石鏃が発見されたという湧水へ、どうしても行ってみたくなりました。

現在、荒船山山頂を奥宮として、群馬県と長野県側の麓に、それぞれ里宮が鎮座しています[74]。調べてみると山頂へのルートはいくつかありますが、私のような初心者に向いているのは内山峠（長野県佐久市）登山口からのルートです。

登山口の駐車場に車を置いて登山開始。登山道には、山栗やドングリなどの堅果類

(72) 第27代天皇。継体天皇と尾張連目子媛の長子。

(73) マウリヤ朝第3代国王（紀元前268～232頃に在位）。阿育王と書く。仏教を信仰し、篤く保護、各国へ広めた。

(74) 群馬県側は下仁田町に鎮座し、荒船神社という。長野県側は佐久市に鎮座し、荒船山神社という。

山道から望む艫岩

がたくさん落ちています。縄文の人々が喜びそうなものが豊富だなあと感心しつつ進みます。ちなみに、登山道と山頂では標高というよりは、岩質の違いによって植生が異なるそうです。

大岩の上に広がる美しい世界

尾根を伝って山頂に到達すると、広々としたフラットな土地に森が続いています。これが山頂なんて信じられない――。まさしく〝異界〟です。

大岩壁で有名な艫岩(ともいわ)から上州の山々を眺めて一休み。エネルギー補給をしてから10分ほど歩くと、小さな石祠が鎮座しています。周辺は笹が群生していて、荒船山の古名「笹岡山」

にぴったりはまります。すっと抜ける風に、笹がサワサワと音を立てました。透水性の高い岩質で、こうした地質は草原化しやすいため笹や低木が多く、大きな木は育ちにくいそうです。

拝礼してさらに進んでいくと、美しい沢が現れました。これが念願の「山頂の湧水」！　滔々（とうとう）と流れる水は、想像以上の水量です。水源を見てみたかったのですが、道から外れていいものかどうか迷い、小さな橋から沢の岸辺に下りるにとどめました。それにしても山頂から水が湧き出すとは、いったいどんな構造なのでしょうか。この不思議を昔の人々も感じたことでしょう。この場所を「水神の住まう地」と考えたのは、とても自然な気がします。

資料(75)によると、この沢の水源や橋の付近で石鏃が発見されたようです。石鏃の中には玉髄（ぎょくずい）製(76)のものもあり、沢付近には玉髄が確認されるため、この地で採られた玉髄で作られたものかもしれません。玉髄は質のよいものは宝石扱いされるもので、縄文時代には祭祀に用いられることもある鉱物です。縄文の人々が、玉髄を求めて山頂にやってきた可能性もあります。穏やかな森、豊かな湧水に鉱物――このように美しいものに溢れた荒船山に坐す神は、やはり美しい女神がふさわしいと、深く納得します。

余談ですが、この美しい女神は、諏訪明神（すわみょうじん）と恋仲になったという伝説もあります。

(75)「調査報告　荒船山山頂の表層地形・植生および遺跡分布調査予察」関谷友彦・磯田喜義・中村由克著（『下仁田町自然史館研究報告　第4号』）

(76) 微細な石英の結晶の集合体。含まれる成分によって瑪瑙（めのう）（アゲート）、紅玉髄（カーネリアン）、碧玉（ジャスパー）など、様々に呼ばれる。

想像を超える豊かな水量

妻の下諏訪明神の嫉妬を恐れて、荒船山に隠れ住むようになった……というのですが、諏訪との深い関係性を暗示しています。

神々の合戦の神話と石鏃

さらに南へ進んでいくと、また石祠が現れました。こちらが一説に下仁田の里宮の奥宮とされます。そしてその先に「皇朝最古修武之地」と刻まれた石柱が建っています。これは、荒船山に伝わるもう一つの有名な神話を顕彰した石碑です。

その神話とは、諏訪神・建御名方(たけみなかた)命(みこと)と、大和朝廷側である香取神・経津主命がこの地で決戦したという物語です。熾烈(しれつ)な戦いで、千曲川(ちくまがわ)(77)の

(77) 秩父山地の甲武信岳(こぶしだけ)北側に発し、犀川(さいがわ)などの支流を合わせて新潟県にはいり、信濃川となる。

水が血で赤く染まったという伝承もあり、女神のイメージから一転して、途端に男臭い世界の話になってしまいます。神々の戦いですから史実ではありませんが、この地が信濃と上野の境界線として認識されていたことを示しています。

現在でも、信州側の山麓に鎮座する里宮・荒船山神社（佐久市）には建御名方命、上州側の里宮・荒船神社（下仁田町）には経津主命が祀られています。同じ山の里宮でありながら、違う神様（しかも敵対している神々）を祀るということは、かなり珍しいと思います。

山頂に石鏃が見つかるのも、神々の戦いの跡ととらえることもできそうですが、このような縄文遺物が確認されるのは、霊山とされる山にはよく見受けられることです。この山頂で戦い、あるいは狩猟を行ったというよりは、やはり何らかの祭祀を行い、石鏃を奉納したために残されたのではないでしょうか。

下仁田町の里宮にも縄文遺跡

下山後、下仁田の里宮にお参りします。境内は、荒船山から流れ落ちる川が合流する付近の河岸段丘上に位置しており、やはり周辺には縄文遺跡が確認されているのです。縄文中期の土器や石棒、石鏃などが出土した記録がありますが、残念ながら散逸してしまったそうです。

立派な赤い鳥居をくぐると、門番のようにそびえる杉の巨木と、急な石階段が現れます。巨木に隠れるように、ユニークすぎるお顔の狛犬(78)が出迎えてくれます。両前足をぴんと突っ張って一生懸命威嚇(いかく)しているけど、全然怖くない……。その愛らしさに、思わず笑みがこぼれます。

下仁田側の里宮・荒船神社

階段を上りきると、白い社殿が現れました。台風で崩壊したために復興したとのことで、新しい瓦葺(かわらぶき)の屋根のお社は民家の造りに近く、土地の人々の身近さを表しているようで、微笑ましく感じました。

全体に地元の皆さんの愛情が込められた境内で、とても居心地のいいお社です。そんな素朴な境内に生える御神木の巨大さが、お社の歴史の深さを物語っています。

(78) 平べったい顔に大きな口が個性的。胴長の体も含めて古様なスタイル。

中野谷神社

安中市

縄文時代の大交易都市

群馬県安中市南部の中野谷地区は碓氷川の河岸段丘に位置し、全国有数の大規模集落跡である「中野谷地区遺跡群」があります。黒曜石交易の広域拠点であり、群馬県内最大の超大形原石(79)が発見された中野谷松原遺跡、石棒祭祀や環状列石で有名な天神原遺跡など、エポックメイキングな遺跡が目白押しです。縄文時代には、各地の人々が立ち寄る大都会だったと言っていいでしょう。

中野谷神社が鎮座するのは、そんな遺跡群の真ん中で、西正面に妙義山、その奥に浅間山が見えます。縄文時代にもこれらの名峰が信仰対象とされ、祭祀が行われていたことがわかっていますが、こんな美峰を前にしたら、激しく頷くほかありません。気が付いたら思わず頭を垂れてしまうような、圧倒的な存在感です。

諏訪大神と熊野大神をお祀りする現在のお社(80)は、とても静かです。この地にたくさんの人々が暮らし、往来があったことを思うと、不思議な気持ちに包まれます。

縄文文化の宝庫

(79) 長野県和田峠産の黒曜石で、3567gもある。材料ではなく、威信財として利用されたようだ。

(80) 「諏方大明神」「熊野三所大権現」が並列で鎮座している。『上野国神名帳』に従五位上とされた「下田明神」を合記したと伝わる。

中原生品神社（なかはらいくしな）

太田市

境内に復元された敷石住居跡

「しな」という言葉は、段丘や崖錐（がいすい）地形を表しているという説があります。長野県の信濃（古くは科野）や蓼科（たてしな）の「科」、更級（さらしな）の「級」もこの言葉にあたります。「しな」は縄文遺跡がありがちな地形なため、ついつい注目してしまいます。実は生品神社(81)にも、「しな」の意味を連想してお参りしたのですが、「しな」らしい地形ではなくて、逆に驚きました。しかし境内周辺には縄文遺跡が確認されているのです。

境内に沿ってしんなし川が流れていて、豊かな水音が聞こえます。鳥居をくぐると右手に覆い屋があり、旧境内で発見されたという、六角形の敷石（しきいし）住居跡が復元されています。住居中央には火を使った形跡のある炉跡、南入り口に炉状に区切られていたのに、火の跡がなかったという遺構があって個性的な造り。敷石住居は後期に造られた祭祀目的説のある建物なので、この地に祭祀が行われていたことを想像させます。境内一帯からも土器片が出土しており、境内を中心に集落があったと考えられています。

(81) 赤城信仰系の農業神と考えられ、群馬県東部地域に特有な神社。みどり市笠懸町阿左美、同町鹿、太田市新田市野井町などに鎮座する。新田市野井町に鎮座するお社は、新田義貞が挙兵した地として有名。

三島神社（みしま）

太田市

田園風景にコロンと現れる緑の丘

群馬県東部と栃木県西部にまたがる足尾山地の残丘・八王子丘陵（はちおうじ）の西側には、藪塚温泉（やぶづか）という古い湯治（とうじ）場（ば）があります。現在は太田市藪塚町の湯之入（ゆのいり）地区と呼ばれる地域なのですが、この周辺だけでも約40基もの古墳が確認されており、古代から人の往来が盛んだったことがわかります。この地域に鎮座する三島神社も、社殿の下から子持勾玉（こもちまがたま）(82)などの祭祀具、境内の東部分に集落跡が出土していて、古墳時代の祭祀遺跡として有名です。

また、この地域一帯が開けていたのは古墳時代をさらに遡るようで、縄文遺跡も数多く確認されています。そして三島神社の境内からも、縄文中期の住居跡などが出土しているのです。前項の中原生品神社も、同じく藪塚町内に鎮座しており、約1キロメートル西方に位置しています。

私が初めてお参りした時、中原生品神社から車で向かいました。温泉町の手前に広がる田園風景の中に、一目で「あれだ！」とわかる緑の丘(83)があります。それが三島神社です。コロンとしていて円墳に見えますが、自然の丘なんだそうです。

陽の気に満たされる〜

(82) 大形勾玉に、小さな勾玉状の突起がついたもの。

(83)

ただいるだけで嬉しくなってしまう特別な場所

境内全体に、温かく可愛らしい空気に満ちていて、気持ちが浮き立ちます。正面の石段の右手には、巨大な御神木が体をくねらせて高くのび、社叢の樹々は生き生きとして、その間を優しい風が抜けていきます。

グレイの屋根瓦にこげ茶の社殿は、小ぶりながら気品が漂います。社殿の中には、石棒の破片も奉納されていると聞きました。境内で出土したものかは確認できませんでしたが、石棒が大切にされているというお話にも、心が和みます。

お参りしてから、しばらく佇みました。ただこの地にいるだけで嬉しくなるような心地よさがあるのです。これこそが、この地の個性でしょう。

三島神社の創建は不詳ですが、12世紀頃に伊豆の三嶋大社[84]を勧請したと伝わります。しかし古墳時代の祭祀遺跡があることも含めて、おそらくはそれ以前にも、この地に「祈りの場所」があったろうと思います。つまり、「このあたりで尊い存在を祀るならば、この場所がいい」——どの時代の人もそう感じる場所なのだと思うのです。そう想像して、私は一人、強く頷きました。

(84) 静岡県三島市に鎮座する名神大社で、伊豆国一宮。

赤城神社（三夜沢）

前橋市

名峰赤城山と山頂の沼が御神体

赤城山は榛名山、妙義山とともに「上毛三山」と呼ばれる名峰です。山頂には大沼(85)、覚満淵(86)、小沼(87)があり、その周囲を黒檜山(88)を最高峰とした外輪山が取り囲んでいます。

赤城神社はこの赤城山と山頂の沼を御神体とする神社です。名神大社で、上野国の二宮。南東北から関東、北陸に334社が鎮座するという名社です。「赤城神」が歴史上初めて登場するのは9世紀ですが（『続日本後紀』）、「赤城神」がいずれの赤城神社を意味していることは、今も定かではありません。

特に重要とされ本社説があるのが、大沼の畔に鎮座する「赤城神社（大洞）」、赤城山中腹の三夜沢に鎮座する「赤城神社（三夜沢）」、山麓の二之宮町に鎮座する「赤城神社（二宮）」の三社です。縄文遺跡の位置を見てみると、三夜沢の周辺と二之宮町の赤城神社境内に確認できました。特に三夜沢の赤城神社には豊かな湧水もあり、境

力が湧き上がる！

(85) 約80万㎡のカルデラ湖で、沼尾川の水源。

(86) 湿性植物や高山植物の宝庫で「小尾瀬」と呼ばれる。

(87) 火口湖。粕川の水源。

(88) 標高1828m。赤城山は古代「くろほの嶺ろ」と呼ばれていた。「くろほ」は黒い雷雲の起こる峰の意味で、黒檜山はその名を受け継いでいる。

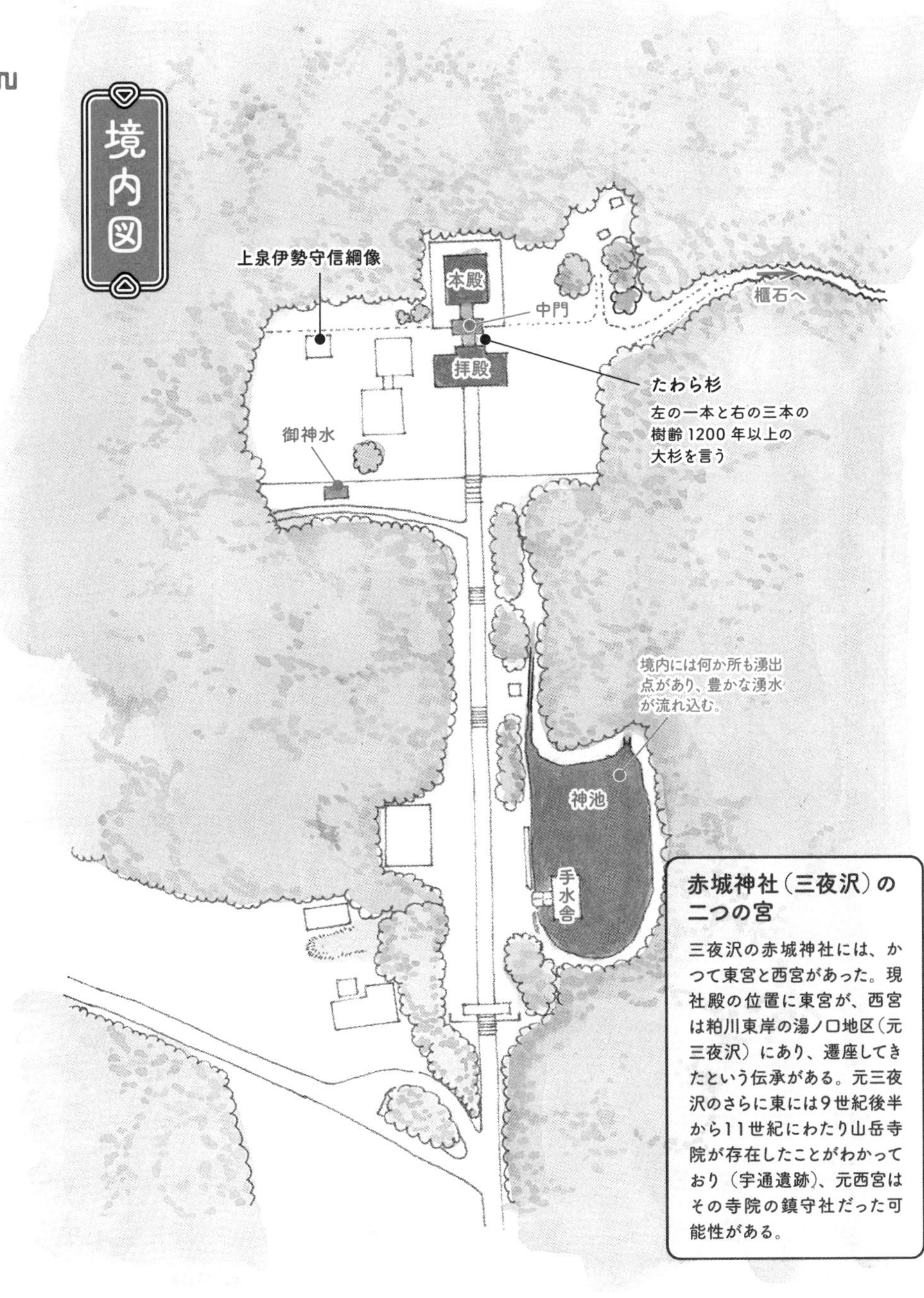

赤城神社（三夜沢）の二つの宮

三夜沢の赤城神社には、かつて東宮と西宮があった。現社殿の位置に東宮が、西宮は粕川東岸の湯ノ口地区（元三夜沢）にあり、遷座してきたという伝承がある。元三夜沢のさらに東には9世紀後半から11世紀にわたり山岳寺院が存在したことがわかっており（宇通遺跡）、元西宮はその寺院の鎮守社だった可能性がある。

内上部分の山中に、祭祀遺跡として有名な「櫃石」もあります。まずは三夜沢からお参りしてみることにしましょう。

荒山登山口に佇む三夜沢のお社

ところで、縄文時代の赤城山はどんな様子だったのでしょうか。赤城山の火山活動(89)は約2万4000年前にいったん終了しているので、縄文時代には今と同じような山容と地形が見られました。山頂の湖はもう少し大きかったと考えられますが、大沼と小沼、そしてそこから流出する沼尾川と粕川という基本構成は同じです。赤城山の裾野は富士山の次に長く、標高800メートル付近までなだらかな高原台地を成しています。広々となだらかな裾野には湧水も多く、植物や動物にも恵まれた土地です。縄文時代にも暮らしやすかったでしょう。

三夜沢はそんな赤城山の峰の一つ・荒山(90)の中腹の登山口に位置しており、山と里の境界線にあると感じます。赤城神社の社叢は実に見事で、樹齢1000年を超える杉の巨木や、あすなろ、アカマツなどが茂っています。自然の樹々だけでなく、人の手が加わって形成された社叢だそうですが、深い森に圧倒されます。

大きな白木の鳥居をくぐると、右手に神池が現れます。手水舎が池の中に張り出しており、青銅の龍の口から清水が絶え間なく溢れ出る様子を見ていると、異界に迷い

(89) 鎌倉時代の歴史書『吾妻鏡』に建長3年(1251)に「赤木嶽焼」とあるが、噴火にあたる堆積物があまり見られないことから山火事だったとする説と、荒山の大穴から小規模な水蒸気爆発があったとする説もある。

(90) 標高1571m。外輪山最南端に位置する峰。関東平野を一望できる。

神池と手水舎

込んだような心地がします。静かな水面に、樹々の様子が写真のように映り込んで、澄んだ空や若緑のきらめきが、何倍にも増幅しているように見えます。

全体にしっとりとして幽玄な気配が漂います。境内を包み込むように覆う樹々で薄暗いくらいでしたが、すっと光が差し込み、拝殿が浮かび上がるように輝きました。ふと木のいい香りがして、私は大きく息を吸いこみます。

ふと視線を上げると、池の北側に、清水が滾々（こんこん）と湧き出る様子が見て取れました。境内には、こちらの湧水のほかにいくつも湧水点があるようです。

湧水の聖地と縄文の石槍

社殿に続く参道は広い石段になっており、境内が斜面地形にあることがわかります。社殿は一段高い石積みの上にあり、白石の玉垣に囲われています。

正面からお参りしてから、社殿の周辺を歩いてみます。社殿付近に遺跡は確認されませんが、境内で10センチメートルの石槍を採集したという記録があるのです。ただ、どの地点という情報はないので特定できません。しかし、「石槍が出た」と頭に置いて歩くと、何か心持ちが違う気がします。

すると社殿の左手に、「剣聖（けんせい）」と名高い上泉伊勢守信綱（こういずみいせのかみのぶつな）(91)の像がありました。この地で修行を……！と、一人静かに盛り上がります。あくまでも偶然なのですが、石槍と信綱さんのイメージが、私の中で合致してしまいました。

群馬県は武術が盛んですが、そのルーツは縄文まで遡れるのかもしれません。赤城山を自由自在に闊歩（かっぽ）していた縄文アカギの人々は、弓矢や槍を思うままに操る狩人だったはずです。この地で発見された石槍は、そんな彼らが水源の神にお供えした逸品だったのかも……と、想像は膨らむばかりです。

三夜沢の湧水は、山中を行く縄文アカギの人々にとっても、大切な水場だったでしょう。この豊かな水を与えてくれる大元は赤城山の神ですから、水を通じて感謝の祀り

(91) 1508～1573。赤城山山麓の上泉村（現・群馬県前橋市）に生まれたとされる。鹿島新當流、陰流、軍法軍配の術を学び、新陰流を創始した。柳生石舟斎ほか、各地の弟子に新陰流を伝えた。

をしたのではないかと思います。

一方、赤城山の神は、雲を呼び雷を起こす神でもありました。群馬県は雷が多いからか、山の神はだいたい雷神の側面を併せ持ちます。雷神は恐ろしい神であると同時に、雨をもたらし穀霊を呼び覚ます神でもあります。

日本の神には、和魂（にぎみたま）と荒魂（あらみたま）があると考えますが、赤城神の荒魂がこの雷神で、和魂は山頂の沼や三夜沢の湧水の神だったかもしれません。そんな神霊に対する感性は、縄文アカギの人々も同じだったのではないでしょうか。

祭祀遺跡「櫃石（ひついし）」と縄文の祭祀

この三夜沢にお社が鎮座する理由は、この豊かな湧水のほかに、もう一つ有名な理由があります。それが荒山の山中にある「櫃石」(92)です。「櫃石」は古墳時代の巨石（磐座）祭祀跡として知られており、櫃石周辺からは数多くの祭祀具が出土しています。

自然石（磐座）への信仰は縄文時代にはほとんど見られない――そのセオリーで考えて、櫃石は縄文とは関わりはなさそうだな……、と思い込んでいました。ところが、櫃石が巨石祭祀跡として有名になるきっかけとなった考古学者・大場磐雄（おおばいわお）(93)博士の論文「赤城神の考古学的考察」に、櫃石付近で大量の石鏃や異形（いぎょう）勾玉が採集されたと書かれているのを発見し、思わず声を上げてしまいました。

(92) 祭神の豊城入彦命（とよきいりひこのみこと）の神墓の棺という伝承から、棺石と呼ばれたという。ただ考古学的には墳墓ではない。また磐座として畏敬されつつ、触ると祟りがあると伝えられてきた点も興味深い。

(93) 1899〜1975。東京生まれ。國學院大學で折口信夫に師事。内務省神社局に勤務し、神道学者の宮地直一の部下として、ともに『神社と考古学』を執筆する。全国の神社や祭祀場を研究し、神道考古学を提唱した。

大場博士は、出土する石鏃の量が多すぎるので偶然とは思われず、縄文時代から櫃石祭祀があった可能性があるとしています。またもう一つの推論として、古墳時代に縄文アカギの後裔（こうえい）の人々を征服した大和朝廷側の氏族(94)が、征服した先住民を封じるべく石鏃を集めて、櫃石に奉斎(95)した可能性を指摘しています。

どちらも「可能性がある」としか言いようがありませんが、「縄文神社」を標榜する身としては、前者の説を取りたいところです。実際、櫃石周辺で石鏃や土器などが採集されることは江戸時代から記録があり、現在でも木が倒れた根元などに、縄文土器のかけらが見られることがあるそうです。

聖山荒山と聖なる巨石

櫃石には、社殿の右手から1時間ほど登ると、お参りすることができます。かなりしっかりとした山道なので、トレッキングシューズなどの装備が必要ですが、分かれ道には標識もありますし、ルートは難しくありません。赤城山の広やかな山裾を感じながら、ゆっくりと登っていくと、ふっと空間が開けて、その中央に櫃石が現れます。

櫃石は、赤城山の噴火とともに噴出した岩とみられており、一つではなく周辺に点在しています。その中で「櫃石」が特別視されたのは、上部に平らな面があることと、「をろのたけ」(96)と呼ばれて信仰対象だった荒山山頂と、三夜沢を結ぶ直線上にあるため

(94) 上毛野氏（かみつけのうじ）。第10代崇神天皇の皇子・豊城入彦命を祖とする氏族で、上毛野国造を歴任した。

(95) 身を清めて神仏などを祀ること。

(96) 小路之嶽、於呂嶽とも。古語の「をろがむ（拝む）」が語源か。

櫃石

という説があります。また、荒山山頂から南にのびる尾根の先にある櫃石は、周辺に植林されていない頃には、遠くからもよく見えたそうです。尾根の先にあって目立つ巨石――これなら、縄文時代にも信仰対象になりうるかもしれません。

そのように様々な説がありますが、実際に目の当たりにすると、櫃石が特別である理由が感覚としてわかる気がしました。まず、櫃石がある位置が、非常に唐突なのです。

噴火によるものだと知っていても、なんでこんなところに?と驚きました。太古の人々も、同じように感じたのではないでしょうか。

そして何と言っても、その姿です。

黒みを帯びた櫃石は、巨大な生き物がうずくまっているように見えました。そして畏(おそ)れ多いとか、荘厳といった雰囲気だけではなくて、丸くて可愛い気配が漂っているのです。幼い龍が箱座りをして休んでいるかのよう……。そんな櫃石の右手には、若い桜の木がのびて、薄紅色の花びらがヒラヒラと舞っています。まるで童話の世界のような、優しい空間。

私は櫃石の手前の草の上に座って足を伸ばしました。鳥の鳴き声と葉ずれの音が聞こえてきます。そしてやはりこの場所にも、優しい風が吹いていました。

赤城石神とチカト神

赤城神は、平安時代の歴史書に「赤城沼神」、「赤城石神」とも表現されています（『日本三代実録』）。沼神とあるのは、明らかに山頂の大沼や小沼で、水源の神を表していますが、石神とは、この「櫃石」を意味したとする説もあります。

そして、赤城山の噴出石に対する信仰はこの櫃石だけでなく、前橋市から伊勢崎市にわたってみられ、それらの巨石の側にだいたい寺社があって、今も信仰されています[97]。しかし残念ながら、縄文遺跡は確認されないため、おそらく古墳時代以降の信仰と思われます。石神と聞くと、長野や山梨の石神（シャクジン、ミシャグジ）信仰を連想してしまいますが、自然石への信仰という点で、やはり異なる石神なのでしょう。

（97）噴出岩信仰は岩神稲荷神社の飛石、産泰神社の磐座、七つ石（前橋市）、米岡の姥石、石山観音、牛石（伊勢崎市）などに見られる。また流れ山信仰は、洞山、権現山（伊勢崎市）などがあり、最も遠い例に流山市（千葉県）の語源とする伝承がある赤城山がある。

ただ、赤城神は長野の神と神話でつながっています。その神とは「千鹿頭神（ちかとがみ）」と言います。縄文の信仰を継承するとされる「諏訪神」に属する神で、狩猟の神として有名です。その千鹿頭神が赤城山にやってきて、赤城神の妹神を妻に迎えたと伝わるのです。

千鹿頭神は「近戸」「親都」などの表記や、「ちかた（千賀多、智方、血形）」「ちかつ（千勝、近津、智勝、智賀都）」とも表わされます。長野、山梨、埼玉、群馬、栃木、茨城の山岳・山麓地帯に分布していて、現在の祭神は様々ですが、本来は八ヶ岳山麓発祥の「千鹿頭神」を祀るお社とする説があります。

ミシャグジを研究した今井野菊（いまいのぎく）(98)さんによると、上州に取材した折、地元の人に、赤城神の妹姫と千鹿頭神が結婚したと聞いたそうですが、群馬の資料ではそのような伝説は見かけませんでした。しかし赤城山南麓には「近戸神社」が点在しており、赤城神の眷属（けんぞく）のような役割を果たしています。祭神は千鹿頭神ではなく、赤城神社と同じです。しかし明治以前は「千鹿戸大明神」と書かれていたことからしても、信濃の千鹿頭神との関係を想像してしまいます(99)。

赤城山の主祭者は赤城神社ですが、ひそやかに近戸神社のアシストがあります。そこに、縄文アカギの末裔である先住民の立場や役割が、映りこんでいるように思います。

(98) 1899年生まれ。諏訪の郷土史研究家。諏訪神ミシャグジを訪ねて全国を歩き、調査した。その数は3000を超えるという。（詳細は190ページ）

(99) 『粕川村誌』は「赤城神社に近いので近戸という」とする。民俗学者・今井善一郎氏は、神に従属する神を「戸神」と名付け、「ちかと」は戸神を意味すると論じている。ほかに「里近くに鎮座し、山の神社に登拝する入り口を意味する」（『前橋市史』）という説もある。

赤城山の縄文神社的巡拝ルート

櫃石から下山して、もう一度社殿にお参りします。石段を下りると、右手に清らかな水が石樋（せきひ）から流れ落ちていることに気づきました。立て看板に「神域からの尊い湧水です」とあります。そっと指先で触れてみました。

冷たい水が汗をかいた体を、冷やしてくれる気がします。飲んでみたいと思いましたが、推奨されていないようでしたので、ぐっとこらえます。それでも、三夜沢で感じられる赤城山の恵みを十分にいただいた気がしました。

赤城山南麓を縄文神社的視点で巡拝するには、最も南に鎮座する二之宮町のお社からがお勧めです。そして徐々に北上して近戸神社の明るく優しい空気の中に一休みし、三夜沢で湧水と櫃石に参拝する。そして粕川沿いに赤城山を登って、山頂の小沼に拝礼し、大沼湖畔の赤城神社（大洞）へお参りを——。

赤城山を遥拝し、三夜沢で赤城山の懐に入り、登拝して山頂の沼神にご挨拶する……というスケジュール。少々タイトですが、車があれば一日で可能です。このルートが、縄文からつながってきた赤城山への祈りの記憶や感性を、最も感じられると思います。

赤城神社（二宮）

前橋市

赤城山を遥拝するのに最適な場所

赤城山最南端に位置する「荒山」はとがった山容で、数ある赤城山の峰の中でも際立って見えます。縄文の人々が南麓で祭祀を行うなら、この荒山が最も美しく見える場所を選んだのではないでしょうか。

二之宮町の赤城神社は、広大な赤城山南麓の裾野中央に鎮座し、荒山の真南にあたります。遥拝するのにベストポジションです。確認するとやはり神社の一帯は縄文遺跡だらけ。正式な発掘調査はされていませんが、土器などが採集されると言います。

お社の周辺はとても静かな住宅街です。境内は周囲より少しだけ高く、土塁と濠のある中世の館の雰囲気を色濃く残しています。広々とした境内は手入れが行き届いており、社殿の背後の社叢には若い杉が生い茂っていました。年に二度行われる御神幸では、お神輿が三夜沢へと向かいます。その途上では必ず近戸神社で休むこと(100)になっていたそうです。

(100) 元三夜沢に西宮があった時は月田、以降は河原浜の近戸神社で休んだという。

近戸神社（月田）

前橋市

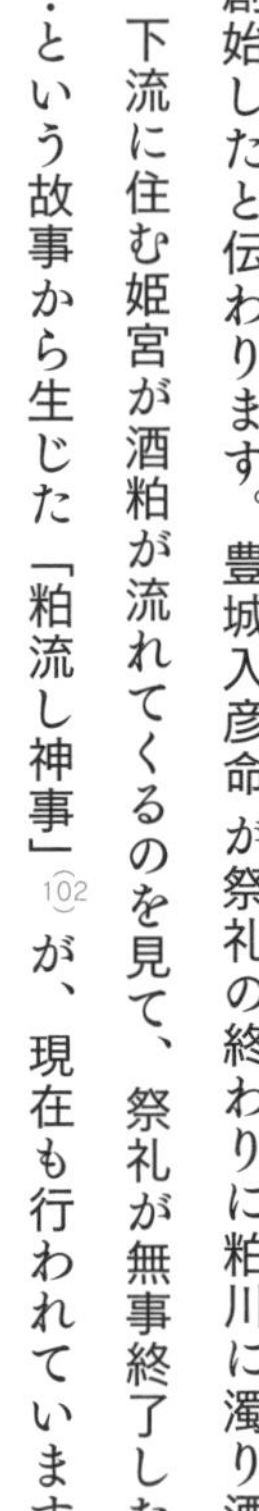

姫宮が創始した安らぎのお社

三夜沢と二之宮の中間地点の月田に鎮座する近戸神社は、赤城神社の創始者とされる豊城入彦命(101)の娘さん（姫宮）が創始したと伝わります。豊城入彦命が祭礼の終わりに粕川に濁り酒を流したところ、下流に住む姫宮が酒粕が流れてくるのを見て、祭礼が無事終了したことを知った……という故事から生じた「粕流し神事」(102)が、現在も行われています。このように赤城神社と関わりの深い近戸神社ですが、三夜沢、二宮と同じく、お社の周辺に縄文遺跡が確認されています。

境内は車道より数段高い場所にあります。風格漂う石鳥居の先に参道がのびて、社殿の佇まいは素朴ながら優雅。明るい境内を心地よい風が抜けていきます。

隅々まで手入れが行き届き、お社や地元の皆さんの愛を感じます。社殿前の丸く整えられた植栽や、クシャっとつぶれた狛犬の個性的な愛らしさに、心身が和みます。

創始者が姫宮とされることに納得。とても清らかで可愛い雰囲気なのです。

温かい気に満たされる〜

(101) 第10代崇神天皇の長子で、第11代垂仁天皇の異母兄。東国の治定を担当。

(102) 8月の例大祭の祭典の後、1㎞ほど西の粕川近くに鎮座する外宮まで神輿を担いで渡御（御川降り神事）。濁り酒（現在は甘酒）が川に流される。

赤城(あかぎ)神社（大洞(だいどう)）

前橋市

赤城山山頂の水の女神

赤城神社（大洞）の鎮座地は、大沼に突き出た崎状の地で、小鳥ヶ島(ことりがしま)(103)と呼ばれます。実はこの地に鎮座するようになったのは、1970年のこと。それ以前には、大沼の南畔に鎮座していました。旧社地には鳥居が建っていて、今も清らかな雰囲気が漂っています。旧社地の裏手には湖面に張り出す形で弁天宮が鎮座しています。以前はこの近くに小鳥ヶ島へお参りするための船着場もあったそうですが、ほぼ正面に小鳥ヶ島が見えました。遥拝するのにも絶好の位置です。

かつて小鳥ヶ島には、厳島神社が鎮座していたそうです。厳島神社は、縄文ロケーションに鎮座することが多いお社ですし、最高峰の黒檜山直下の麓でもあるので、縄文時代にもこの地で祭祀が行われた可能性は高いと感じました。残念ながら境内に縄文遺跡は確認されていませんが、大沼周辺からは、大型磨製石斧や石槍、石鏃などの石器が採集された記録があり、縄文の人々が活動していたことは確かです。その縄文アカギの人々が大沼周辺で祭祀を行うならば、旧境内地と小鳥ヶ島が最高のロケーションだと思います。ぜひ両方お参りして、縄文の赤城山を想像してみましょう。

弁天宮

(103) 伝説に、流刑でやってきた公卿(くぎょう)がおり、その娘・赤城姫と淵名姫が、継母の謀略で命を落としたが、赤城大明神に召されて、赤城神になった。神となった姫たちが、鴨の背の神輿に乗って、兄の前に姿を現したとあり、この鴨が姿を変えて小鳥ケ島になったという。かつては独立した島だった。

木曽三社神社（きそさんしゃじんじゃ）

渋川市

赤城山西麓に遺跡が密集する理由

赤城山西麓に位置する渋川市の縄文遺跡の豊富さは、すさまじいものがあります。この地域を初めて探索をした時に、赤城歴史資料館(104)と北橘（ほっきつ）歴史資料館(105)を見学して、度肝を抜かれました。皆さん、この2か所の資料館をまずご覧いただきたいと思います。遺跡の多さもさることながら、出土品の質・量ともに問答無用の素晴らしさで、赤城山西麓とはこんなにも豊かだったのかと驚くはずです。

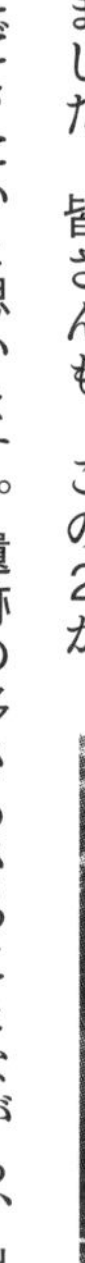

縄文時代に豊かな集落がたくさん営まれた理由は、第一に湧水が豊富だからでしょう。西麓では赤城山に降った雨が伏流水となって湧出して湧水池を成していて、地区ごとにあるほど豊富なのです。

またこの湧水池は「湧玉（わくだま）」と呼ばれ、水源として大切にされていました。それは縄文時代にも変わらなかったようで、例えば国指定史跡の「滝沢（たきざわ）石器時代遺跡」にも「滝沢の湧玉」があり、この地に集落がつくられた要因と考えられています。そんな湧玉

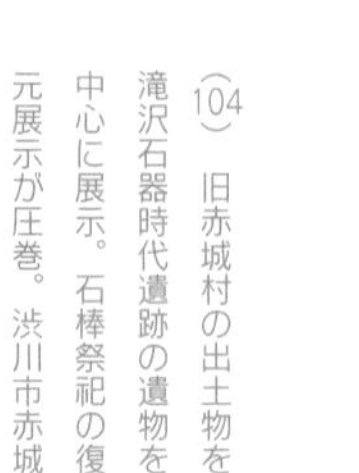

(104) 旧赤城村の出土物を滝沢石器時代遺跡の遺物を中心に展示。石棒祭祀の復元展示が圧巻。渋川市赤城町勝保沢110。

(105) 旧北橘村から出土した豪華な縄文土器が目白押し。見事なライティングに感動。木曽三社神社のすぐ近く。渋川市北橘町真壁246−1。

境内図

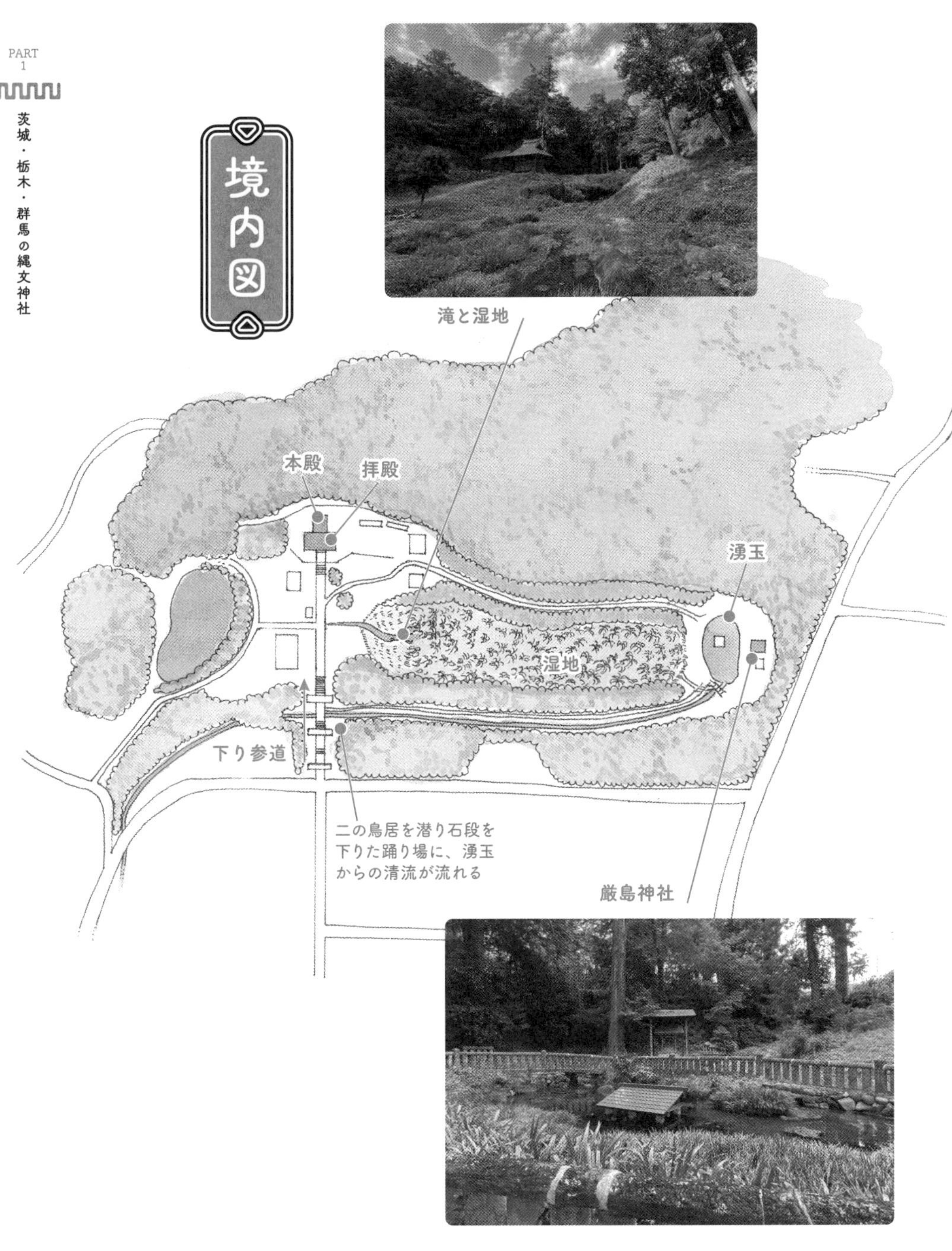

が境内にある、あまりにも美しいお社があります。それが木曽三社神社です。

創建は平安末期と伝わりますが、その前から湧水の聖地だったのだろうと思います。境内の周辺には箱田遺跡群[106]と呼ばれる旧石器以降の複合遺跡が広がり、長期にわたって人の暮らしがあったことがわかっています。その理由はやはりこの湧玉の存在だったでしょう。

下り参道の境内に広がる清流の聖地

一の鳥居をくぐって思わず声を上げました。木曽三社神社は下り参道だったのです。二の鳥居の先から急な下り坂になっています。その先の踊り場には、右手から清らかな水がとくとくと流れていきます。その地点からさらに下ると少し平坦な場所があり、その先が再び上り坂になって銅板葺き屋根の立派な社殿が鎮座しています。

左手に茂む緑は庭池かと思っていたら、湿地であることに気づきました。よく見るときれいな水が流れ、小さな滝があります。古くは滝の宮とも呼ばれたそうですが、この可愛らしい滝が、その名前の由来なのでしょう。

目の前に広がる光景に、しばし陶然となります。こんなに美しい場所だったとは……。私はここで、お社の創建由来の物語を思い出しました。

――源頼朝に敗れた木曽義仲[107]の遺臣が、長野の木曽谷に潜伏していたが、木曽

(106) 旧北橘村（現・北橘町）の箱田地区全域に広がる遺跡の総称。

(107) 源頼朝の従弟。武蔵国大蔵（埼玉県比企郡）で生まれたと伝わる。2歳で父が殺されたため、乳父の中原兼遠に守られて木曽谷に逃れ育った。

義仲が信仰していた三つのお社（岡田・沙田・阿禮神社(108)）の神から、東へ向かえという夢告があった。遺臣たちは御神体を七重の箱に入れて旅に出た。一休みしようと森の中の泉に立ち寄り、御神体が入った箱を泉の側の石の上に置いた。すると、御神体が石について動かなくなってしまったので、この地に神社を創設した……。（『北橘村誌』を元に要約）

この御神体とは何だったのか気になりますが、問われても遺臣たちは、「ただの箱だ」としか答えなかったそうなので、地元の人にとっても「謎の御神体」でした。その御神体がこの場所が気に入って、動かなくなったというのです。

畏れ多いことですが、「御神体の気持ち、わかる…！」と思いました。それほど安らかで、美しい場所なのです。

ふつふつと湧き上がる〝湧玉〟

境内にはグレーの屋根の本殿の他に、赤い屋根のお社が点在しています。境内は右手に深くなっていて、最奥に湧玉があり、厳島神社が祀られています。

拝殿から本殿にお参りして、右手に湿地の緑を見ながら、細い山道を進んでいきます。木々の梢が空を覆っていますが、緑が分かれて青空が見えたと思うと、その大きな空間の中心に湧玉が現れました。湧玉は、水が玉のように湧く様子から呼ばれるそ

(108) 岡田神社と沙田神社は松本市に、阿禮神社は塩尻市に鎮座する。三社とも式内社。

うですが、確かに水の玉がしきりに浮かんでは消えていきます。その様子を見ていると、時の流れを忘れてしまいます。

湧玉の奥に鎮座する厳島神社の背後から、少し土地が高くなっています。この湧玉を谷頭として谷が形成され、その周辺の高台に集落が形成されたのでしょう。縄文時代にも人々の暮らしを支える母なる泉だったことが想像されます。

社宝のリストには、境内から出土したという石斧が二つあるとありました。また、江戸時代に分立された木曽三柱神社に、縄文晩期の石剣が社宝とされていますが（現在は北橘歴史資料館に展示）、元は木曽三社神社の社宝だったという言い伝えもあります。

全長30センチメートルの細くうねった刀身は、まるで黒い蛇のようです。その少し妖しく繊細な佇まいは、泉の神へ奉斎するにふさわしい祭祀具と思います。

潜伏地は松本平か諏訪盆地？

ここでふと「三社」について疑問を覚えます。三社ともに松本平南部（松本市と塩尻市）に鎮座していて、よく考えたら木曽谷の神社ではないのです。また遺臣たちは和田峠と碓氷峠を越えてやってきたと伝わるのですが、和田峠ルートということは、諏訪を経由したことを意味しています。ひょっとしたら遺臣たちが潜伏していたのは木曽谷ではなくて松本平、あるいは諏訪だったのではないでしょうか(109)。

松本平も諏訪もいたるところに湧水があり、縄文遺跡が多く、赤城山西麓と雰囲気が似ています。三社ともにごく近くに縄文遺跡があり、縄文時代から開けた地域の核となる神社です。そして諏訪は、縄文時代の信仰を継承すると名高い諏訪大社の鎮座地でもあります。そして119ページでご紹介した、赤城山の妹神と結婚したという千鹿頭神の発祥も諏訪盆地です。

時代も違いますし、偶然でしょう。しかし、赤城山と諏訪がやたらとリンクしてしまいます。縄文神社の最大スポットと考えてきた〝諏訪〟に、そして長野県に「歩を進めよ」と縄文の神様に呼ばれているような気がしてきました。

そんなことを想像しながら、湧玉の東側から流れる清流に沿って、社殿前の湿地に戻ります。再び境内を眺めていると、幸せな気持ちに満たされました。そしてまたしても、動かなくなったという御神体にシンパシーを覚えます。

木曽義仲の遺臣が大切にしていた御神体とは、主君ゆかりのものだったんだろうな、と思いました。それも主そのもの――遺骨や遺髪といったもの(110)だったのではないでしょうか。主君の魂も遺臣たちも、この地に来てようやく心穏やかに暮らせたのでしょう。そんな安らぎが、時を超えて伝わってくる気がしました。

(109) 木曽義仲は幼少期、諏訪大社下社大祝の金刺盛澄のもとで修行し、盛澄の娘を妻にしたという伝承がある。

(110) 本項で紹介した伝承は前橋藩官撰の歴史書に掲載されたもので、ほかにも様々な伝承がある。箱の中は義仲の首だったとするもの、木曽町の南宮神社の神霊とするものなどもあったようだ。

PART ②

東京・埼玉・千葉・神奈川の縄文神社

TOKYO
SAITAMA
CHIBA
KANAGAWA

大宝八幡宮
野爪鹿嶋神社
下妻
茨城
石岡
若海香取神社
新鉾田
つくば
土浦
三輪茂侶神社
駒木諏訪神社
守谷
龍ヶ崎市
野田市
我孫子
取手
越谷
古鬼怒湾
佐原
流山
草加
新松戸
成田
成田空港
勝田台
諏方神社
佐倉
上野
船橋
八街
東京
四街道
渋谷氷川神社
成東
千葉
神明山天祖神社
蘇我
熊野神社
東金
大網
五井
石神神社
茂原
上総牛久
木更津
君津

東京・埼玉・千葉・神奈川
埼玉
東京
神奈川
三ヶ尻八幡神社
高負彦根神社
池袋氷川神社
明治神宮
代々木八幡宮
上目黒氷川神社
長尾神社
野川神明社
橘樹神社
古入間湾
本庄早稲田
深谷
羽生
古河
熊谷
加須
寄居
鴻巣
久喜
東松山
三峰口
秩父
蓮田
上尾
越生
坂戸
川越
大宮
高麗川
浦和
ふじみ野
飯能
入間市
奥多摩
青梅
所沢
和光市
拝島
西国分寺
池袋
吉祥寺
府中本町
上野原
高尾
大月
渋谷
新百合ヶ丘
橋本
町田
新横浜
本厚木
大和
横浜
松田
大船
平塚
鎌倉

明治神宮（めいじじんぐう）

渋谷区

最も新しい〝神宮〟と縄文神社

明治神宮は明治天皇（めいじてんのう）(1)と昭憲皇太后（しょうけんこうたいごう）(2)をお祀りするため、1920年（大正9）に創建された最も新しい神宮です。

実は、創建の新しいお宮を〝縄文神社〟と考えるべきなのか、自問自答しました。しかし、明治神宮の鎮座する台地は、縄文時代には海に張り出した半島であり、境内には湧水と小川に湿地、そして縄文遺跡が点在していて、縄文神社の条件にこれ以上なくバッチリはまります。そこで、私は改めて、〝縄文神社的視点〟でもってお参りしてみることにしました。すると、明るく朗らかな場所と、深遠で神秘的な場所を持ち合わせた聖地だと感じました。この感覚は、これまで出会ってきた〝縄文神社〟で感じたのと同じものでした。

最も意外だったのは、広大な社叢も、創建と同時に創られた人工の森だということです。創建以前は御料地（ごりょうち）(3)でしたが、御苑（ぎょえん）以外は荒れ地だったと言います。しかし専門家が集い、「人の手を加えなくても世代交代を繰り返す永遠の杜（もり）を創ろう」と構想。

体が軽くなる！

(1) 1852〜1912。第122代天皇。孝明天皇の第二皇子として京都に生まれる。1867年即位。東京遷都、版籍奉還、廃藩置県を断行し、中央集権、立憲国家・近代国家の確立に努めた。

(2) 1849〜1914。左大臣・一条忠香の三女として京都に生まれる。1867年女御（にょうご）となり、1868年皇后に冊立された。

(3) 皇室が所有する土地。

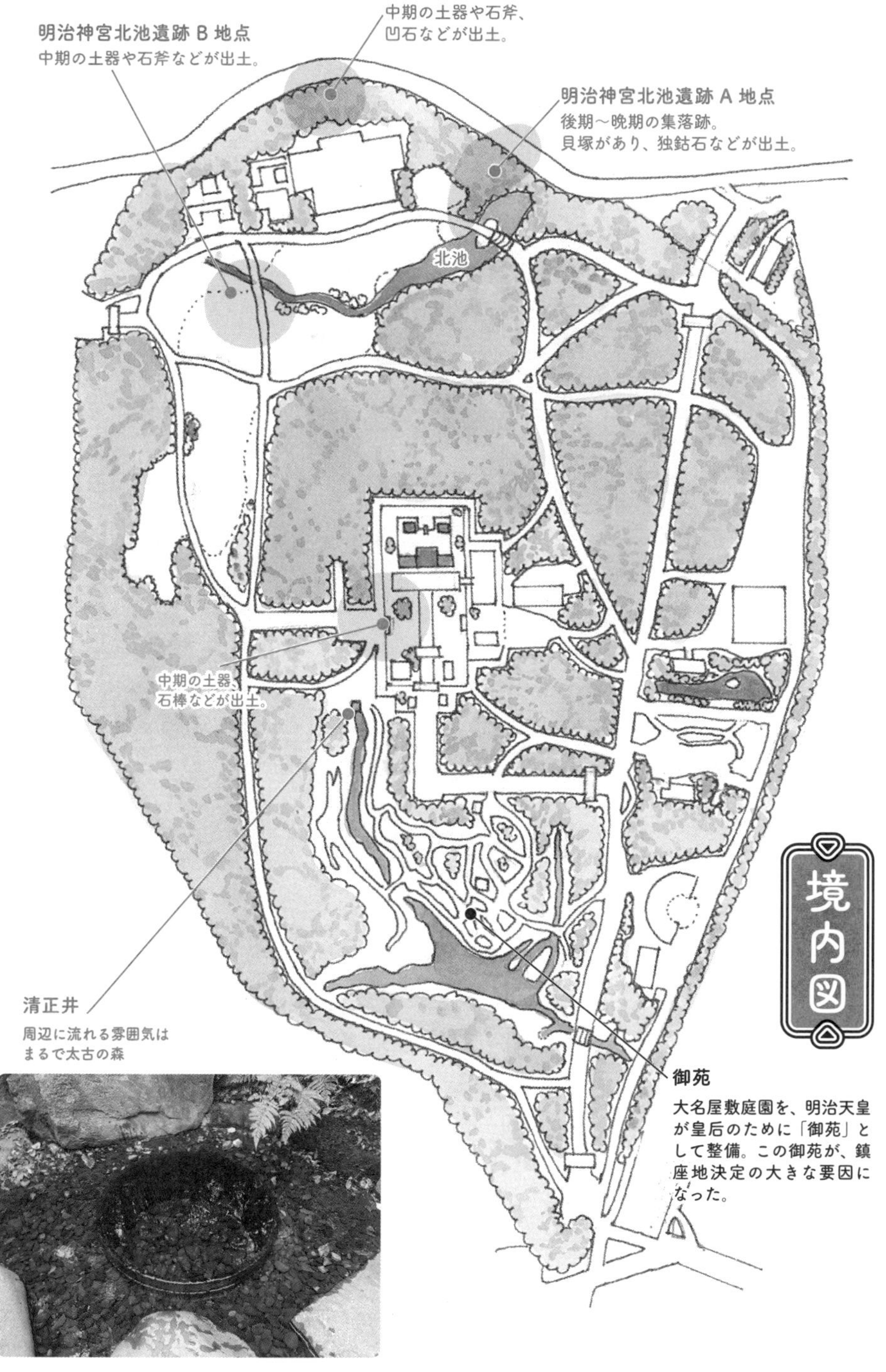
境内図
明治神宮北池遺跡 B 地点
中期の土器や石斧などが出土。
中期の土器や石斧、
凹石などが出土。
明治神宮北池遺跡 A 地点
後期～晩期の集落跡。
貝塚があり、独鈷石などが出土。
北池
中期の土器、
石棒などが出土。
清正井
周辺に流れる雰囲気は
まるで太古の森
御苑
大名屋敷庭園を、明治天皇が皇后のために「御苑」として整備。この御苑が、鎮座地決定の大きな要因になった。

日本中から奉納された10万本以上の木々が、ボランティアの手によって植えられました。その後、あの豊かな森に成長したのです。現在の森を見ると、古社の社叢のように、豊かな樹種が深い陰翳(いんえい)を作り出しています。人々の祈りと英知により整えられ、そして選ばれた場所の「土地の力」によって育てられたのがこの深い森であり、〝明治神宮〟ということだと思うのです。

考えてみれば、これまでご紹介した中にも、鎌倉時代や江戸時代に創建されたお社もありました。ただ遺跡の位置や伝承などから、創始以前からの聖地であり、その時代に「神社」となって「祈り」を継承した……と考えて、ご紹介してきました。明治神宮も、そのようなお社と同じように、新しい祈りを継承していく〝新しい縄文神社〟として考えてみたいと思います。

縄文シブヤを想像する

明治神宮の位置する場所は、武蔵野(むさしの)台地東辺の淀橋台(よどばしだい)（代々木丘陵(よよぎきゅうりょう)）と言います。パワースポットとして有名な「清正井(きよまさのいど)」(4)も掘り抜き井戸ですが、実は淀橋台谷頭を水源とした湧水です。そして複数の縄文遺跡が確認されており、しかも貝塚が出ています。ということは、ここまで海が来ていたということです。

地形から縄文シブヤを想像してみましょう。明治神宮は近くの原宿駅も含めて台地

(4) 戦国大名・加藤清正が掘ったと伝わる。

の上にあり、隣の渋谷駅はその名の通り、谷地形の底にあることがわかります。つまり渋谷駅周辺は縄文時代には海の中だったことになります。対して明治神宮が鎮座する淀橋台は海に張り出した小さな半島でした。その証拠になるのが前述した貝塚です。

明治神宮にお参りする際にお勧めしたいのは、「渋谷氷川神社」から歩いてみることです。渋谷氷川神社は東渋谷台地に位置します。この地点から坂道を下って昔は海だった場所を渡り、緩やかな坂道を登っていくとその先に明治神宮の森が現れる……。このルートは東京ならではのおしゃれな住宅地を歩きますが、歩いているうちにだんだんと地形を感じるようになります。そして、今歩いている場所は二つの小半島で、それを踏破しているんだということを、感じることができるのです。

鳥居をくぐって参道を歩き、本殿にお参りしてから北池を目指します。本殿エリアの参道を戻って、中ほどから西へ出ますが、この一帯からは中期の遺跡が確認されています。石棒なども出土し、祭祀の跡がうかがえる遺跡です。

そんなことを意識しつつ前進すると芝生の丘が現れます。宝物館の東にある北池は、西側の林の中に滲み出している湧水を水源としています。この北池は神宮として整えられる前には湿地だったようで、西側には後期から晩期の貝塚が、また北池の水源に近い林周辺からは、中期の遺跡が発見されているのです。

北池周辺は日当たりもよく、公園のようです。私は芝生に座り、温かいお茶を飲みながら、広い空を見上げました。都会のど真ん中にいることを忘れてしまうほど気持ちのよい場所です。ゆったりと森や空を眺めていたら、優しい風がふっと頭を撫でます。縄文シブヤの皆さんと、ちょっとだけつながれた気がしました。

古くて新しい森と湧水の聖地

神宮創建以前のこの地は「荒地」とされますが、湧水周辺には、地元の人がお祀りする小さなお社があったのではないか……と想像します。そして、史上初めて関東に住まわれた天皇である明治天皇をお祀りする場所に、この地が選ばれたことは偶然ではない気がしました。それだけいかにも〝関東の聖地〟らしい、朗らかな場所です。

また、この地に「永遠の杜を創ろう」と考え、多くの人が賛同したことも、必然であった気がします。政治的理由が他にあったとしても、この地に特別な神社を創建することを、「多くの人が感覚的に了解できた」という点に注目したいのです。縄文の人々も、この地に神宮を創建した人々も、日本列島に生きる人間として、聖なるものに対する似たような感性が備わっていたからではないでしょうか。

そう考えたら、やはり明治神宮も〝縄文神社〟ではないかと思います。この先1000年、2000年と、祈りの場所としてつながっていくことを願ってやみません。

渋谷氷川神社（しぶやひかわじんじゃ）

渋谷区

縄文シブヤの地形を味わえるお社

埼玉県大宮市に本社のある氷川神社は、「川の近くの高台上にある」という共通点があり、縄文神社と重なる地形なので、これまでにも数多く巡拝してきました。創建は不詳ながら渋谷区最古とされる渋谷氷川神社もまた、かつては参道の前を渋谷川が流れており、いかにも氷川神社らしい地形だったようです。

渋谷駅から徒歩10分。鳥居の前に立つと、参道が徐々に高くなり、急坂に石段がのびる様子が一望でき、渋谷の真ん中にこんな場所があったとは……と驚きます。樹々が茂る境内には中期の遺跡が確認されており、石棒などの祭祀具も出土しているので、縄文時代にも祈りが行われていた場所だということがわかります。

また境内の西隣には、神道研究と神道考古学(5)の中心地で、縄文土器や土偶（どぐう）・石棒、各時代の祭祀遺物も数多く展示している國學院大學博物館もあります。見学して、縄文の祭祀や日本の精神文化へ思いを馳せつつ、この地の雰囲気を楽しみましょう。

心が落ちつく しーん

(5) 考古学者で國學院大學の教授を務めた大場磐雄博士が提唱（115ページ参照）。

代々木八幡宮（よよぎはちまんぐう）

渋谷区

境内に復元住居と出土品陳列館あり

代々木八幡宮は、境内から縄文中期を中心とし、長い期間栄えた集落跡が出土しています。境内に出土品陳列館があり、竪穴住居が復元されているため、縄文とゆかりが深い神社としてよく知られています。

山手通りに面した境内は、絵にかいたような高台で、石段が鳥居へとまっすぐのび、社叢がうっそうとしています。この高台は縄文時代には小さな半島で、明治神宮が鎮座する半島のお隣に位置します。現在の社殿の裏手あたりの崖下に湧水があり、海が退（ひ）いた時代にはこの湧水に湿地帯が連なり、やがて河骨川（こうほねがわ）や宇田川（うだがわ）が合流するという、抜群の縄文ロケーションだったようです。

遺跡からは住居跡や土器、石棒や磨製石斧（ませいせきふ）などの石器も数多く出土しています(6)。お社として創建されたのは鎌倉時代とされますが、縄文から人が暮らす場所でしたから、創建以前から、すでに神祀りの場だっただろうと想像しています。

(6) 代々木八幡遺跡。中期を中心とした集落遺跡。ごく少量ながら早期の遺物が出土し、前期、後期に属する遺物も出土している。

上目黒氷川神社（かみめぐろひかわじんじゃ）

目黒区

東京にしかありえない眺望

23区の中でも特におしゃれな印象がある目黒区ですが、実は縄文遺跡がたくさんあることは、あまり知られていないと思います。縄文前期には池尻大橋（いけじりおおはし）駅のすぐ側まで海岸線が来ており、その証拠に駅から徒歩5分ほどのところに東山貝塚（ひがしやまかいづか）遺跡(7)が見つかっています。

上目黒氷川神社は、東山貝塚とは逆の、渋谷方向へ歩いて5分。左手にそそり立つ台地の上に鎮座しています。長い石段を息切れしながら登りきると、隣のマンションの4階に相当するところに境内があり、向かいには首都高速が見えます。東京にしかありえない光景だなあと、感心してしまいます。

境内のある台地一帯には、旧石器から縄文時代を中心とする複合遺跡が、重なるように確認されています(8)。縄文の頃には、波音が聞こえる静かな海辺だったのでしょう。不思議なことに、境内は車の音もほとんど聞こえないので、そんなことをじっくりと想像できました。

重層的な歴史

(7) 縄文中期以降の複合遺跡。貝塚や住居跡などが出土し、住居跡が復元されて公園になっている。後期と晩期を主とした遺跡で、石棒、石剣、磨製石斧、土偶、土版・岩版、装身具などが数多く出土している。

(8) 境内周辺には氷川遺跡(早期〜)。西に隣接する大橋遺跡は中期の大規模な環状集落や石棒・土偶などの遺物が数多く出土している。

神明山天祖神社（しんめいざんてんそ）

大田区

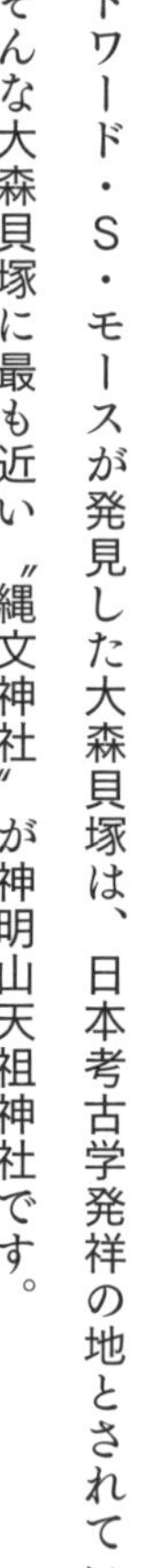

大森貝塚に最も近い〝縄文神社〟

縄文と言えば「大森貝塚」(9)を連想する人も多いでしょう。明治10年（1877）にアメリカ人動物学者のエドワード・S・モースが発見した大森貝塚は、日本考古学発祥の地とされています。そんな大森貝塚に最も近い〝縄文神社〟が神明山天祖神社です。

大森駅前を通る池上（いけがみ）通りが縄文時代には海岸線にあたり、向かいの台地上に、天祖神社が鎮座しています。池上通りに面した「鎮守（ちんじゅ）天祖神社」の石標の下に立ち、急な石段を下から見上げてみます。すると急斜面が海にせり出す崖に思えてきました。縄文時代にはこの崖に波が打ち寄せていたのかもしれないな……と想像力を膨らませてみます。

この一帯は武蔵野台地の南端にあたり、山王（さんのう）台地といいます。現在は涸れていますが、かつては崖線下に湧水があり、一帯から縄文早期以降、継続して人の痕跡が確認されています（山王（さんのう）遺跡）(10)。関東大震災の際にも被害が少なかったそうで、縄文時代にも、同じく安全な場所だったのではないでしょうか。

想像が広がる

(9) 大田区と品川区に2地点があり、モースが発掘したのは大田区側と伝わる。品川区側では前期以降の土器が確認され、石斧、石皿、石棒、土偶、人骨などが出土している。大田区側では後期の土器（加曽利B）だけ確認され、小貝塚があった可能性がある。

(10) 弥生期の集落遺跡として有名だが、縄文早期の石器や前・後・晩期の土器片も出土している。弥生期以降の遺構の覆土から出土しており、土地改変で縄文の痕跡がわかりにくくなっていると想像される。

熊野神社（くまのじんじゃ）

大田区

池上通りの「崎」に鎮座する縄文神社

熊野神社は通称を荒藺ヶ崎（あらいさき）熊野神社、または山王熊野神社と言います。この一帯は新井（荒藺）宿と呼ばれていたので、荒藺の崎に坐す熊野神社、という意味でしょう。創建は14世紀ですが、「崎（先）」は聖地とされますから、天祖神社と同じくそれより前から、何らかの祈りの場所だった可能性は高いと思います。

池上通りを南下していくと、「村社　熊野神社鎮座」と刻まれた石標が現れ、少し細い道の先の高台にこんもりとした森が見えました。善慶寺（ぜんけいじ）(11)の山門をくぐると、本堂と墓地の間の道の先に、天祖神社より一段と高い急斜面が現れます。斜面の社叢も天祖神社よりもさらに深く、「森度」が濃くなったな……と思いつつ、夏だったので暑さでふらふらになって石段を上がると、ご褒美（ほうび）のように優しい風が吹きました。

境内北東部から周辺にかけて縄文前期の住居跡が一軒だけ出土しており、特徴的な片口付深鉢土器（かたくちつきふかばち）が出土しています。

(11) 1292年に新井宿村の住人・増田三郎右衛門が日蓮宗の日法上人に帰依して、建立したと伝わる。

諏方(すわ)神社

荒川区

縄文と江戸と現代を一気に体感できるお社

JR西日暮里(にしにっぽり)駅は、西側に急激に切り立った台地(諏訪台)と接しており、この台地上に諏方神社が鎮座しています。周辺には集落遺跡や貝塚などが見つかっているため(12)、縄文時代には西日暮里駅あたりまで海が来ていたとわかります。

諏訪台は寺町でとても静かです。上品な街を静々と歩いて、大きな鳥居をくぐります。すると高く盛り上げた場所に立派な拝殿が見えました。広く開け放たれた拝殿から垣間見える本殿。実に美しいお社です。諏方神社は、古来景勝地として大人気ですが、この標高差を見ると納得します。現在は崖下をJRの線路が何本も走り、境内から、世界トップの過密ダイヤを誇る電車の発着を見ることができます。

諏方神社の静けさと極端に違うのになぜか調和しているその風景は、実に日本らしい美しさです。この地域は江戸情緒溢れる町として有名ですが、縄文からの長い時の流れも加えて味わうと、新たな感動が湧き上がってくるように思います。

(12) 諏訪台・日暮里延命院貝塚遺跡群。台地東辺の延命院貝塚は、後期から晩期の集落跡。

池袋氷川神社

豊島区

池袋本町の住宅地に佇む鎮守さん

池袋の「袋」は水で囲われた地形のことで、湿地や池のある低地を意味します。池袋も昔はそのような地形だったそうですが、現在の池袋は標高28～32メートルの台地上にあるため、「袋」の地形には見えません。ただ池袋の西から北を通り東に抜ける谷端川の周辺は今も微低地で、その面影をわずかにとどめています。

池袋の鎮守である池袋氷川神社はこの低地に張り出した台地の東北端に鎮座しています。境内と周辺に後期から晩期を中心とした貝塚(13)があり、石棒や独鈷石、ミミズク形土偶などの祭祀具も出土しています。大きな集落があった可能性はありますが、開発が進んだ宅地のため、残念ながら詳細は不明です。

谷端川は谷幅が広いため、貝塚付近には沼があった可能性があるそうです。標高差が3メートルしかないので、〝ザ・氷川神社！〟というわかりやすい高低差はありませんが、谷端川の暗渠(14)から歩いてみると坂道になり、確かに台地だと感じることができます。

歩きたくなる

(13) 後期以降は海退が進み、淡水産貝類を主とする貝塚が増加する。氷川神社裏貝塚も主淡貝塚の可能性が高い。池袋東貝塚からは海の貝類が多く発見されたが、海の貝を好んで運んできたのではないかと想定されている。

(14) 地下に埋没したり、蓋をされたりして外から見えない水路。

高負彦根神社

比企郡吉見町

神霊が宿るポンポン山

埼玉県中部に位置する吉見町(15)は、元荒川(16)の水利で古くから栄えた土地です。現在はのどかな農村地帯ですが、古代には武蔵国の有力地の一つで、大和朝廷の屯倉(直轄領)があったと考えられています。そのことを証明するかのように、式内社(17)が3社も鎮座しており、その中の「高負比古神社」に比定(18)されているのが高負彦根神社です。境内周辺には、高負彦根神社遺跡が見つかっています。古墳時代をメインとした遺跡ですが、縄文土器も採集されるとうかがいました。正式な発掘はまだとのことなので、今後の調査が待たれます(19)。

隣町に生まれ育った私にとって、高負彦根神社は、「ポンポン山」という名前でインプットされていました。本殿の後ろあたりで足踏みをすると「ポンポン」と音がするので、土地の人はそんなふうに呼んでいるのです。私も何度か遠足で行って、みんなで足踏みをした記憶があります。注意しなければわからないほどほのかですが、確

(15) 古墳時代の遺跡・吉見百穴でも有名。

(16) 熊谷市久下の細流れを源流とする。江戸時代初期までは荒川の本流だった。

(17)『延喜式』に掲載された3132座を「式内社」という。

(18) ほかの候補と比べて推定すること。

(19) 1km ほど南に田甲原古墳群がある。こちらもメインは古墳時代ながら、縄文中期の住居跡なども出土しており、集落が想像される。

境内と周辺図

町営駐車場
獅子封じ塚
伝染病流行の際に、
獅子頭を埋没し、
大柊を植えたという。
湧水（菊水）
棚田
拝殿
本殿
音が鳴る地点
湿地
ポンポン山（玉鉾山）

かに空洞があるような音がするのです。子供心に不思議に感じました。

一方、地元の民話には、長者が高負彦根神社の守護を得て、岩山に宝を隠したところ、盗人が山に入ると、山がポンポンと山鳴りを起こしたため、恐れおののいて盗人は逃げ帰った。そのため山には神霊がいるといわれている——とあります。

山と言っても丘陵の先なので、標高は30メートルしかありません。ただ鎮座地であり御神体と考えられるのが大きな岩のため、この岩を山とみて「玉鉾山（たまほこやま）」とも呼ばれています。「鉾」は神が宿る依り代（よりしろ）と考えられ、「玉」は鉾を褒め称える言葉なので、玉鉾は立派な鉾、つまり「神が宿る鉾」という意味でしょう。「神が宿る岩」と「玉鉾山」は、同じ意味を示していると思います。

子供の頃から慣れ親しんだポンポン山ですが、〝縄文神社〟という視点で見てみたらどう感じるだろう？とワクワクしつつ、改めて参拝してみます。

町営駐車場に車を置いて畑と住宅の間の静かな道を進むと、里の鎮守様といった趣きの境内が現れました。鳥居は木造で赤いトタン屋根が載っています。子供の時より小さく感じるのは、私が大きくなったからかな……と考えながら、本殿にご挨拶。やっぱり、ほんわかと和（なご）やかな境内の雰囲気は変わっていない気がします。

ここで確かめたいのは、「ポンポン」という音。どこでも鳴るというわけではないのです。本殿後ろの岩山の手前あたりだったはず……と、本殿にお参りしてから、記憶を頼りに本殿裏へ向かい、足踏みをしてみます。するとやはり音が深く響く場所がありました。やけに嬉しくなって何度も足踏みを繰り返して、確認します。

思えば「音」は神とつながる手段と考えられてきました。縄文時代にも土鈴や土笛、太鼓も作られていたと考えられています。残念ながらこの周辺から、音にまつわる遺物が出土したわけではありませんが、この足踏みで聞こえる反響音も、大地の神霊のレスポンス音として、神聖なものだったのかもしれないと想像しました。

水郷にそびえたつ玉鉾石

音の鳴る地点の前方に、大きな岩のギザギザした部分が現れます。これが「玉鉾」の由来となった大岩の上部分です。岩に一礼してから、視界が開けた東方を眺めると、眼下に水田地帯が広がります。縄文時代の光景を想像してみましょう。さすがにここまで海水が来ていたわけではありませんが、川が何本も合流する「水」の風景が広がっていたそうです。最も海進が進んだ時には、奥東京湾が十数キロメートル先まで入り込んでいたので、湿原の向こうに海が見えたかもしれません。

本殿の脇に戻ると、細い山道があります。足元に注意しながら下って下道に出ると、〝玉鉾山〟の全貌が見えてきました。ものすごく大きな岩壁です。神社の手前にあった説明板に「高負彦根神社の三鉾　湊石（御身体）、大柊、菊水（湧水）」とありました。

玉鉾山の岩壁

この大岩が「玉鉾石」と呼ばれ、別に「湊石」があったのかもしれず、そこは定かでないのですが、同一の大岩の別名ということではないかと思います。丘陵地帯であるこの界隈では、30メートルもの高さの大岩がそびえたつという風景はとても珍しく感じます。奥東京湾から元荒川を遡上してきた人々にも、水郷の中に突き出た台地に輝くこの岩壁が見えたことでしょう。いかにも神祀りにふさわしい場所です。湊石という名前も、元荒川を行く人々が目印としたからではないでしょうか。

また、かつてはすぐ近くを元荒川が流れており、港があったために湊石と呼ばれる、という伝承もあるようです。ちなみに中世以降は氷川社が勧請されて、「玉鉾氷川明神社」とも称されました。確かに、元荒川に突き出す丘陵の崎に鎮座するというのは、いかにも氷川神社らしい環境です。

聖地の理由を体感できる場所

玉鉾石を堪能してから、今度は公園の道から境内へ戻りましょう。公園から見た地形は、これまた絵に描いたような〝谷津（やつ）〟地形(20)です。小さな棚田と湿地があり、チョロチョロ……と水の音が聞こえました。よく見ると、湿生植物の間を清らかな水が流れています。湧水口は確認できませんでしたが、これが説明板にあった「菊水」でしょうか。「三鉾」と称えられたことからしても、この湧水がお社の聖地の理由の一つだったと考えられます。

何十年ぶりかに高負彦根神社にお参りして、「湧水・谷・台地地形」といういかにも縄文神社なロケーションに驚きました。そして足踏みして音を探したり、どこまでも広がっていく風景を眺めてみたりするのも楽しい体験です。関東は縄文由来の信仰がスタイルを変えつつも、地形や聖なるものを中心としたシチュエーションにフォーカスすると、割とそのまま継承されていると感じます。高負彦根神社はまさにそれ。ぜひこのポンポン山で不思議な音を聞き、風景を眺め、谷津を歩いて湧水の音を聞く。感覚をフル稼動させて、全身で感じてみてほしいと思います。

（20）丘陵や台地が浸食されて形成された谷状の地形のこと。谷戸（やと）・谷地（やち）とも。

三ヶ尻(みかじり)八幡(はちまん)神社

熊谷市

三ヶ尻は〝甕尻(みかじり)〟

関東を代表する大河・荒川と利根川が流れる熊谷市(くまがや)は、埼玉県北の中心都市です。二つの大河に挟まれているので大半が低地で、西側に標高約50メートルのフラットな櫛挽(くしひき)台地が、西北からのびています。

台地周辺にはかつて湧水が豊富で、縄文時代から多くの人々が暮らしていました。三ヶ尻八幡神社が鎮座する三ヶ尻地区も半島状に飛び出た台地の東端部分に位置しており、境内を含む三ヶ尻地区の広範囲に、三ヶ尻遺跡(21)と呼ばれる縄文前期以降の集落跡が出土しています。

三ヶ尻という地名に、私はおや?と思いました。「みか」を「三ヶ」と漢字をあてることがありますが、元は「甕(みか)」(22)を意味することが多いのです。調べてみると、やはり古くは「甕(瓱)尻、瓶尻」とも書かれていました。甕とは大きなかめのことで、古代には「聖なる器」を意味することが多く、古い蛇神信仰を連想させる言葉です。

(21) 三ヶ尻林遺跡(前期の大規模な集落跡で磨製石斧の製作跡が出土)や三ヶ尻天王遺跡(中期から後期の集落跡)、観音山北側の三ヶ尻古墳群など。台地の中央に前期の集落が営まれて、中期に台地の先端方向(東)に集落が広がったとみられる。前期を上限として現在に至るまで連続して集落が営まれている。

(22) 「み」は接頭語の「御」あるいは「水」、「か」は飲食物を盛る器を意味する。特に液体(水や酒)の容器、酒を醸す容器として用いられた。

ほっとする……

境内と周辺図

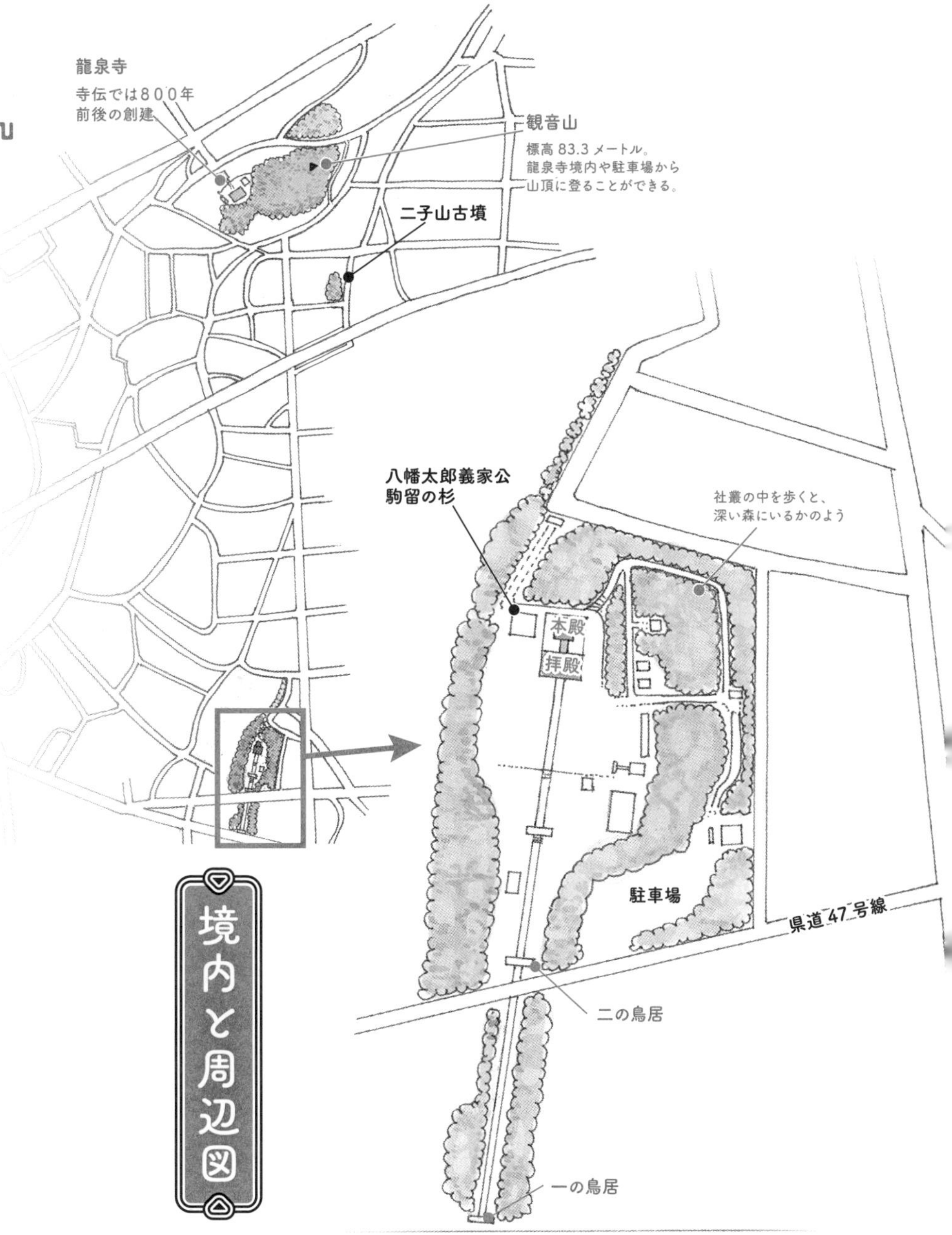

龍泉寺
寺伝では800年前後の創建
観音山
標高 83.3 メートル。龍泉寺境内や駐車場から山頂に登ることができる。
二子山古墳
八幡太郎義家公駒留の杉
社叢の中を歩くと、深い森にいるかのよう
本殿
拝殿
駐車場
県道 47 号線
二の鳥居
一の鳥居

一方、地域にある観音山の形が、甕を伏せているように見えることを語源とするという説もありました。観音山は櫛挽台地上の小山で、平らな台地にぽこんと現れるので、かなり目立ちます。目立つことは聖なるものになりえますし、三ヶ尻の語源に観音山が関わっていることも含めて、観音山が三ヶ尻のランドマークであったことを伝えています。

観音山中腹には、龍泉寺という真言宗豊山派[23]のお寺があります。寺伝に1200年前、近くにあった聖なる池に出現した千手観音を祀っているとあります。この観音菩薩の出現が山の名前になり、仏教寺院の創建にもつながったと考えられますが、「聖なる池に出現」というのが気になります。現在、池はありませんが、この池が三ヶ尻にずっと集落があり続けた理由かもしれません[24]。「龍泉」という寺名も、この聖なる池に由来しそうですし、「甕」や「蛇」のイメージに通じるものを感じます。

滲み出る朗らかな気配

観音山から1・5キロメートルほど離れたところに、三ヶ尻八幡神社は鎮座しています。境内の南は三尻小学校に接し、一の鳥居は県道47号線に面して建っています。県道の向かいには三尻中学校がありますが、いずれも三ヶ尻遺跡の範囲内で、三尻小学校内に、縄文中期の住居跡が出土しています。

(23) 空海が開宗した真言宗の一派。奈良県の長谷寺を本山とする。

(24) 櫛引台地の崖下は湧水点が豊富だった。中でも突出した湧水池が「龍泉」だったのかもしれない。

駐車場から一番近いのは二の鳥居ですが、ぜひ一の鳥居からお参りしてみてください。ここからの参道とその先に見える境内の雰囲気が実に素敵なのです。二の鳥居をくぐって、石段を上がると、ゆったりとした境内が現れます。立派な社殿は、いかにも八幡神社といったきりっとした印象です。本殿は不審火で焼失してしまいましたが、平成12年に氏子さんたちの寄進で再建されたのだそうです。立派で品のある本殿に、氏子さんとお社の相思相愛を感じます。

お参りを終えて裏手にまわると細道があり、社叢に入りました。外から見た時にはこんなに深いと思わなかったな……と思いつつゆっくり歩きます。お参りした日は曇りで肌寒い天気でした。お天気が悪いと怖い雰囲気になるお社もありますが、こちらは薄暗くても、不思議と怖くないと感じました。全体から温かい雰囲気が滲み出て、漂っているようなのです。この朗らかな気配は、三ヶ尻地域全体で感じられます。観音山から神社への道すがら、住宅街の穏やかな空気に癒されました。

お社は11世紀の創建と伝わりますが、式内社の田中神社の論社(25)とされています。これは平安初期には有力な氏族が居住し、彼らの祈りの場所がこの地にあったことを意味しています。地形や縄文遺跡からしても、さらに時を遡って、人々が暮らし、神祀りをするための場所があっただろうと想像されます。そのような土地の性質は今も残されており、八幡神社に濃縮されているように感じるのです。

(25) 式内社である可能性がある神社。

石神神社

茂原市

憧れの鳥居龍蔵博士の出発点

本書でも御岩神社ですでに登場いただきましたが、縄文神社をリサーチしていると、鳥居龍蔵博士の偉業に度々出会います。現地を実際に歩く手法で日本のみならずアジア各地を歩き、人類学・考古学的調査をした鳥居博士は、私にとって憧れの人なのです。

そんな鳥居博士が世に知られるきっかけの一つになったのが、千葉県茂原市の「石神貝塚」でした。博士が学生の時、境内で土器のかけらや貝殻を発見、貝塚であると喝破し、注目を浴びたのです。まさにその後の偉業をスタートさせた場所と言える石神神社には、ぜひともお参りしたいと思っていました。

それにしても、「石神」という名前が、かっこいいではありませんか。〝石神〟は「石棒」を指すことが多いですが、やはりこちらの御神体も石棒(26)とされています。現在の御祭神は石凝姥命(27)ですが、いずれにしてもこの地の神霊は、〝石〟にご縁が深く、そのイメージを継承されてきたのです。

力が湧き上がる！

(26) 長さ70㎝、胴部の太さが20㎝という。鳥居博士は「村人に神社に石器を祀っていると聞き、石棒ではないかと思ったが、神官が不在で見られなかった」(要約)と書いている。

(27) 天照大神が岩戸に隠れた際に、姿を映した八咫鏡を作った神。石の鋳型を用いて鏡を鋳造することに精通した(凝り)、特別な女性(トメ・トベ)の意味。鋳物・金属加工の神として信仰されている。

境内と周辺図

石神地区は縄文時代には舌状半島だった丘陵地帯で、入りくんだ谷筋を走る県道沿いの丘陵上に、石神神社は鎮座しています。

丘陵は標高30メートルほどで、貝塚は参道の一部と、拝殿の北西側に出土したそうです。縄文海進時には、標高20メートル前後まで海が来ていたので、標高21メートルの参道のポイントは、水際の貝塚だったんでしょう。

ふと、若き日の鳥居博士がドキドキしながら、土器や石器を拾って調査した様子を想像してみました。するとひと味嬉しさが加わります。参道を振り返って、縄文の頃を想像してみます。鳥居のすぐ手前の地点まで海水が来ていたでしょう。鳥居博士は「ああ、渺々(びょうびょう)たる九十九里の海水は古昔石神網島(いしがみあみしま)諸村近傍まで出入せしなり」(「上総国下埴生郡に石器時代の遺跡あり」(『東京人類學會雑誌』第80号)。と書いています。偉人・鳥居博士も同じように想像してワクワクしたんだと思うとさらにひと味プラス。憧れの人と共感できる喜びで、楽しさが増していきます。

縄文と憧れの人とつながる聖地

ゆるやかな傾斜の参道を進んでいくと境内が見えてきました。広々としていますが、摂社や神楽殿などはなく、拝殿と本殿だけチョコンと鎮座しています。拝殿は瓦葺きで民家のようで、おごそかなお社……というよりは、おばあちゃんちに遊びにきたような親近感。「石神」という名前から、少々重たい空気を想像していたのですが、見事に裏切られました。いかにも房総の鎮守さん。あっけらかんと明るい雰囲気です。

お参りしてから裏手に回り、社殿右側の地面を見てみます。鳥居博士が発見した時には、土器や貝殻が表面に見られたようですが、現在では見あたりません。戦後、再調査され、貝殻やスズキやクロダイ、サメ、シカ、イノシシなどの骨とともに人骨も確認されました。また中期から晩期の土器や土偶、石棒も出土していますが、住居跡は出土しませんでした。本殿の南方向に丘陵の平坦部がつながっており、その周辺に集落があった可能性が考えられるそうです。すると、石棒や土偶が出土しているこの境内は、縄文時代にも祀りの場所だったのかもしれません。

今の石神地区はのどかな田園地帯ですが、房総の海を行きかう人々が、長い間暮らし続けてきた場所なのです。外から来た人間が、そのことに気づけるのもこの地に石神神社が鎮座しているからです。そして私が鳥居博士に憧れてこの地にお参りできたことも、すべてがつながっている気がしました。これからも巡拝中に、鳥居博士の偉業に出会うでしょうし、そのたびに石神神社を思い出すでしょう。私にとっても石神神社は、特別な場所になりました。

三輪茂侶(みわもろ)神社

流山市

広大な三輪野山(みわのやま)遺跡群に鎮座する古社

三輪茂侶神社が鎮座する三輪野山台地は江戸川東岸にあり、縄文時代には、崖下まで海が来ていました。そして前期の集落・墓地や、後期・晩期を中心とした貝塚や低地遺跡を伴う集落跡などが、台地を埋め尽くすように発見されています。

境内は不詳なのですが、境内前に位置する宮前(みやまえ)遺跡からは前期のお墓（墓壙(ぼこう)）が165基も出ていて、弔(とむら)いの場所が置かれていたと考えられます。縄文の環状集落は、中心の広場に墓地が作られるのが一般的なので、その範囲を想像すると、境内の位置も集落内だったでしょう。そして境内地は舌状半島の先端部にあたるので、縄文時代にも聖地的役割を担(にな)っていた可能性があるのではないでしょうか。

現在の三輪茂侶神社は静かで優しい雰囲気のお社ですが、かつては神宮寺(27)もある大きなお社でした。その名の通りの三輪山の神を勧請して創建されたと考えられますが、すでに聖地だったこの地を選んで、お社を建立したのではないかと想像するのです。

(27) 仏教的儀式で神に奉仕するために建立された寺院。多くは神社の境内に建てられた。

駒木諏訪神社

流山市

湧水と分水嶺と水の神

807年に、第40代天武天皇の長子・高市皇子(28)の子孫が移住し、信州の諏訪神を氏神として祀ったのが始まりと社伝にあります。境内には縄文中期に遡る諏訪神社遺跡があり、ずっと人が暮らしていた場所でした。石棒も出土しているので、縄文時代にも祈りの場所があったことがうかがえます。

この一帯は湧水に恵まれており、この湧水が縄文時代から人の暮らしがあった理由でしょう。諏訪神社では拝殿西側に今も湧水があり、霊験あらたかな御神水として篤く信仰されています。

また諏訪神社が鎮座する小高い丘は、利根川水系と江戸川水系の分水嶺というのもポイントです。北側に降った雨は利根川を流れて太平洋へ、南側の雨は江戸川から東京湾へ流れていきます。湧水が豊かで、水の境界に鎮座していることからして、この地に坐すのは水の神だったのではないでしょうか。

(28) 654～696。母は宗形君尼子娘。太政大臣を務めた。

長尾神社

川崎市

5柱の神様と不思議な五所塚

多摩川右岸の多摩丘陵は、縄文遺跡が数多くあることで知られています。長尾神社も多摩丘陵で最も標高が高い権現台(29)に鎮座しており、境内周辺に中期から後期を中心とした集落遺跡（長尾権現台遺跡）が発見されています。

長尾神社と呼ばれるようになったのは明治以降で、それまでは「五所権現社」と呼ばれていました。『江戸名所図会』(30)に、「祭る神詳らかならず。神体はいづれも座像にして、丈七、八寸ばかり、烏帽子を冠るがごときもの、あるいは僧形のものもありて、すべて五体なり」とあります。現在の主祭神は国常立命(31)とされていますが、もともとは修験道のお社で、5柱の神仏を祀るお社だったのでしょう。五所という名前と、尊像が5体あったことがぴったりと合います。

さらに興味深いのが、境内の南側にある「五所塚」です。一見古墳時代の円墳のように見えますが、中世のものと考えられ、「十三塚」の一種と考えられています。

わくわくする

(29) 多摩丘陵の最高標高地点（約82ｍ）。

(30) 江戸と近郊の絵入り地誌。

(31) 神世七代の初めの神とされ、独神で姿を現さなかったという（『古事記』）。『古事記』では国之常立神、『日本書紀』では国常立尊と表記される。

境内と周辺図

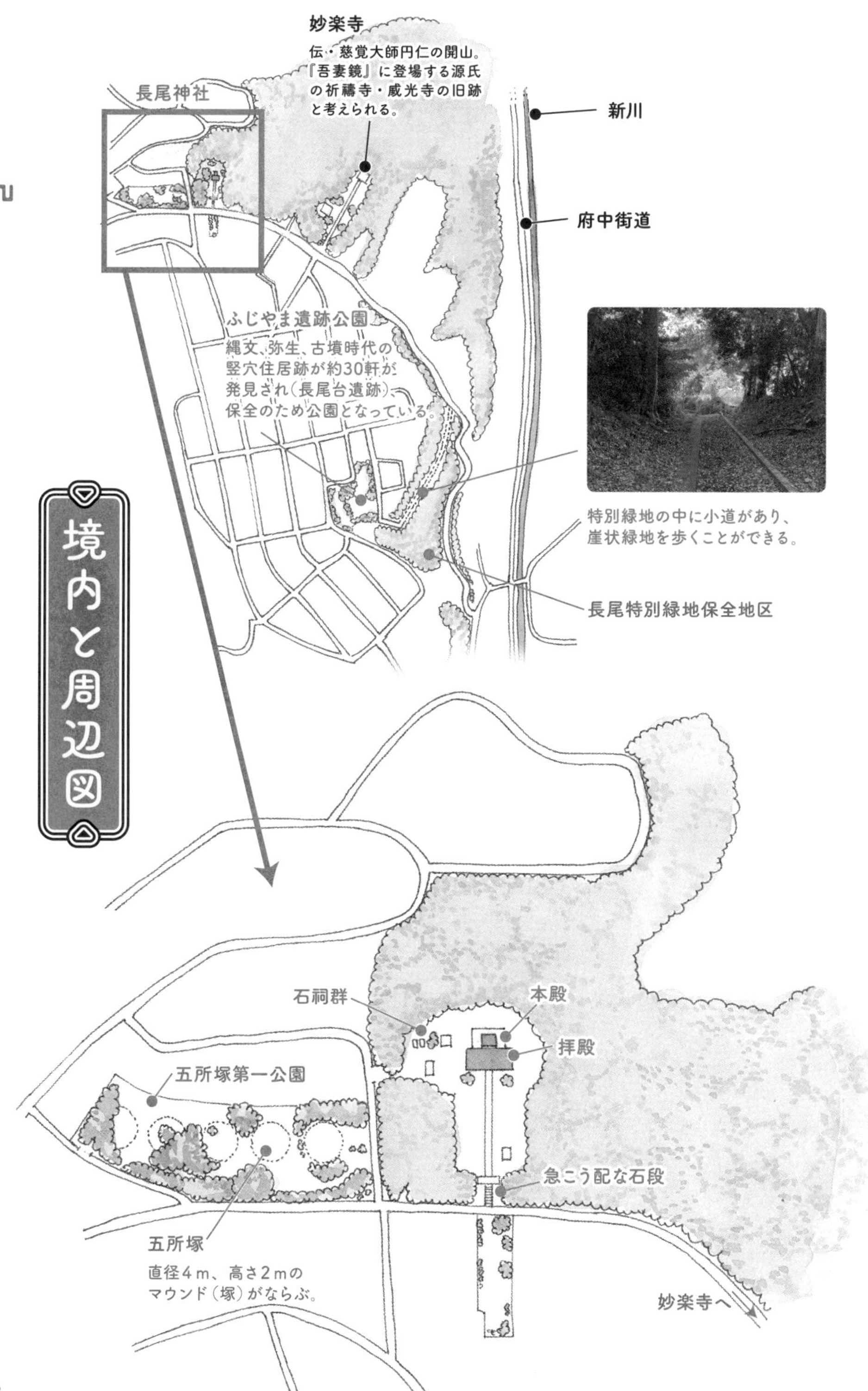
妙楽寺
伝・慈覚大師円仁の開山。『吾妻鏡』に登場する源氏の祈禱寺・威光寺の旧跡と考えられる。
長尾神社
新川
府中街道
ふじやま遺跡公園
縄文、弥生、古墳時代の竪穴住居跡が約30軒が発見され（長尾台遺跡）、保全のため公園となっている。
特別緑地の中に小道があり、崖状緑地を歩くことができる。
長尾特別緑地保全地区
石祠群
本殿
拝殿
五所塚第一公園
急こう配な石段
五所塚
直径4m、高さ2mのマウンド（塚）がならぶ。
妙楽寺へ

「十三塚」は中世に作られた構造物で、死者供養・御霊慰撫や境界鎮護、あるいは修法壇(32)として築かれたと考えられています。五所権現（長尾神社）の5柱の神と、5つの塚は、何かしら関係があったと考えていいでしょう。

縄文ゴンゲンダイを伝える個性的な遺構

五所塚は、現在公園になっています。住宅街に突如現れる5基のマウンド（塚）に度肝を抜かれます。コロンとしたマウンドが連なる様子は、なんとも可愛い。でも確かに円墳というには小さいように思います。

長尾神社はこの五所塚公園と同じ高さに位置しています。公園側にも緩やかな細道がありましたが、いったん一段低い公道に下りて正面の階段を上ります。急坂の先には、フラットで広々とした境内が現れました。

まだ新しい石鳥居の先には、赤い屋根の社殿が鎮座しています。クスやシラカシなどの樹木が取り囲み、ゆったりのどかな空気が流れます。社殿の左手には小さな石祠が並び、説明板があって奉納の謂れを説明してくれています(33)。

境内を歩きながら、縄文時代の様子を想像してみます。権現台遺跡の範囲は五所塚公園から境内にかけてで、個性的な遺構が確認されていました。

気になるのは、「五角形」の竪穴住居跡です。縄文の竪穴住居は円形か四角形が一

(32) 修法（密教で加持・祈禱を行う作法）を行うために築かれる壇。

(33) 石祠は川崎市地域文化財に指定されている。また毎年1月上旬に行われる「射的祭」は座って射るスタイルが独特で、無病息災と五穀豊穣を占い、祈念する。

五所塚第一公園

般的で、五角形というのは珍しいのです。それが五所権現を祀る神社の側から出土したというのは……。もちろん偶然なのですが、不思議な一致だと思います。五角形竪穴住居は、2キロメートルほど南西にある初山天台遺跡（はつやまてんだい）からも出土しているので、突発的なものではなく、なんらかの文化がこの一帯で共有されていたと想像されます。いずれにしても妙に「五」にご縁のある土地です。

その他にも、打製石斧の工房と考えられる竪穴住居跡や、東と西にそれぞれ石棒が据えられた配石遺構（はいせきいこう）が出土しています。五所塚公園の説明板には「狩猟にまつわる祭りを行ったと思われる」とありました(34)。

(34)『川崎市史』には、マタギの事例を参考にすると「森に棲む万物の獲物を呪縛する狩りの祭祀に関連する遺物であったと考えられよう」とある。

少し前まで、縄文人は「狩猟・採集民」だとされていましたが、最近では、縄文中期頃には部分的農業が始まっており、狩猟・採集を行いながら、栗やマメなども栽培していたのが、縄文人の実像と考えられています。

打製石斧は農業に用いられたとする説があり、その工房があったということは、この地でも縄文的農業が行われていたことを想像させますし、作った石斧を他地域へ流通させていた可能性もあります。権現台に暮らした人々は狩猟・採集しつつ栽培もして、食糧を得ていたのでしょう。工房もあって独自の文化もあるということは、相当に豊かです。この周辺の拠点集落だったかもしれません。

雄大な関東平野と「山の縄文文化」

多摩丘陵は高低差が激しくて、穏やかな丘陵地帯である埼玉出身の私からするとほぼ「山」。長尾は海にも近いですが、「山の文化圏」に属している気がします。

縄文時代にも山々を通じて、山梨や埼玉北西部、群馬などとも交流していたでしょう。五所塚を造った中世の人々は修験道の行者でしたが、おそらく彼らも、多摩丘陵から山梨、そして秩父、群馬、長野の山々へと展開していたと思われます。そのルートは、縄文の人々とほとんど変わらないのではないでしょうか。

長尾神社の北側の妙楽寺(みょうらくじ)にもお参りしてから、東の尾根先にあたるふじやま遺跡公

ふじやま遺跡公園

園まで歩いてみましょう。ふじやま遺跡公園は、長尾台遺跡(35)の上にあり、新宿の高層ビルまで一望できます。

この素晴らしい見晴らしの中に、縄文時代の光景を想像してみます。最も海進が進んだ頃には、川崎市千年(ちとせ)から宮内のあたりまで海が来ていたそうなので、右手には海が見えたことでしょう。左手には山々につながっていく丘陵、正面には古多摩川(こたまがわ)の流れと果てしなく広がる関東平野……。実に雄大です。

この眺望を見て暮らしていたら、旅に出たくなる気がします。あの崎、丘陵の上、山の麓にはどんな世界があるんだろうと、確かめたくなるのではないでしょうか。

(35) 縄文時代前期、弥生時代後期、古墳時代の住居跡や遺構が出土している。

野川神明社（のがわしんめいしゃ）

川崎市

武蔵国橘樹郡（たちばなのこおり）の中心地・野川のお社

川崎市は神奈川県を代表する都市ながら、実は相模国（さがみのくに）ではなく武蔵国橘樹郡に属していました。現在の高津区千年や野川本町周辺に、橘樹郡の役所の遺跡や影向寺（ようごうじ）(36)などがあり、歴史が深いエリアとして有名です。

「野川」と聞くと野原を流れる川のようでフラットな地形をイメージしますが、実際には高低差の激しい丘陵地形です。丘陵上には、縄文早期以降の遺跡が確認されており、役所が置かれる奈良時代以前から、人々の集まる場所だったことがわかっています。

野川神明社は江戸時代に「韋駄天社（いだてんしゃ）」(37)と称していましたが、明治に近辺の神社と合祀（ごうし）され、「神明社」(38)となりました。広々とした境内で、社叢の間から日が差し込みます。風通しもよく、実に居心地のいいお社です。境内からは縄文前期の住居跡、また弥生時代の方形周溝墓（ほうけいしゅうこうぼ）(39)なども出土しています。そして北側の影向寺境内からは早期以降の遺物や中期の住居跡、北西約200メートルの地点に貝塚も確認されています。

思わず手を合わせる

(36) 740年に行基の開創と伝わるが、650年前後の大型掘立柱建物跡が出土しており、創建もその頃に遡る可能性がある。開創のきっかけとされる霊石・影向石は、実は奈良時代の塔心礎石である。

(37) 仏教の天部衆で、四天王の増長天に属する八将の一尊。伽藍（がらん）の守護神。

(38) 天照大神、あるいは伊勢の神宮を奉斎する神社。

(39) 弥生前期に近畿に出現した墓のスタイル。平地で周囲に溝を設けることで墳丘を画する。

橘樹(たちばな)神社

川崎市

子母口(しぼくち)に鎮座する川津(かわつ)のお社

野川神明社から丘陵を下りて上って約15分。子母口(40)に鎮座する橘樹神社に至ります。神社から200メートルほど東に子母口貝塚(41)があり、縄文時代にはこの崖下まで海が来ていたことがわかります。この一帯からは縄文以降の遺跡が重層的に見つかっており、野川と状況が共通しています。

奈良時代の遺跡からこのあたりに川の船着場と倉庫群があったと推察されているので、千年から野川本町周辺はお役所、子母口はサブ的施設という関係だったのでしょう。橘樹神社の御祭神は、日本神話の英雄・日本武尊(やまとたけるのみこと)の妃、弟橘媛命(おとたちばなひめのみこと)(42)です。弟橘媛命は海辺に祀られることが多い女神で、なぜこの地に?と思っていましたが、船着場があったとしたら納得です。

橘樹神社は屈指の古社ながら、こぢんまりと優しい雰囲気です。ふと社殿の前をみると、狛犬(こまいぬ)が獅子型ではなくたれ耳に巻尾の犬型ではありませんか。新しい狛犬ですが、その愛らしさがこのお社の柔和(にゅうわ)な本質を、より感じさせてくれる気がします。

(40) 古くは渋口と書いた。渋は谷の意味なので、谷の入り口の意味と思われる。

(41) 早期の貝塚で三ケ所の貝層があり、一部史跡公園になっている。

(42) 社伝に「日本武尊東征の折、弟橘媛命が身を投げて荒れる海を鎮めた。媛の衣と冠がこの地に漂着し、その衣冠を遺体代わりにして陵を造った」とあり、近くの子母口富士見台古墳に、弟橘媛命を祀った廟(たまや)があったと言われている。

PART ③ 長野・山梨の縄文神社

NAGANO

YAMANASHI

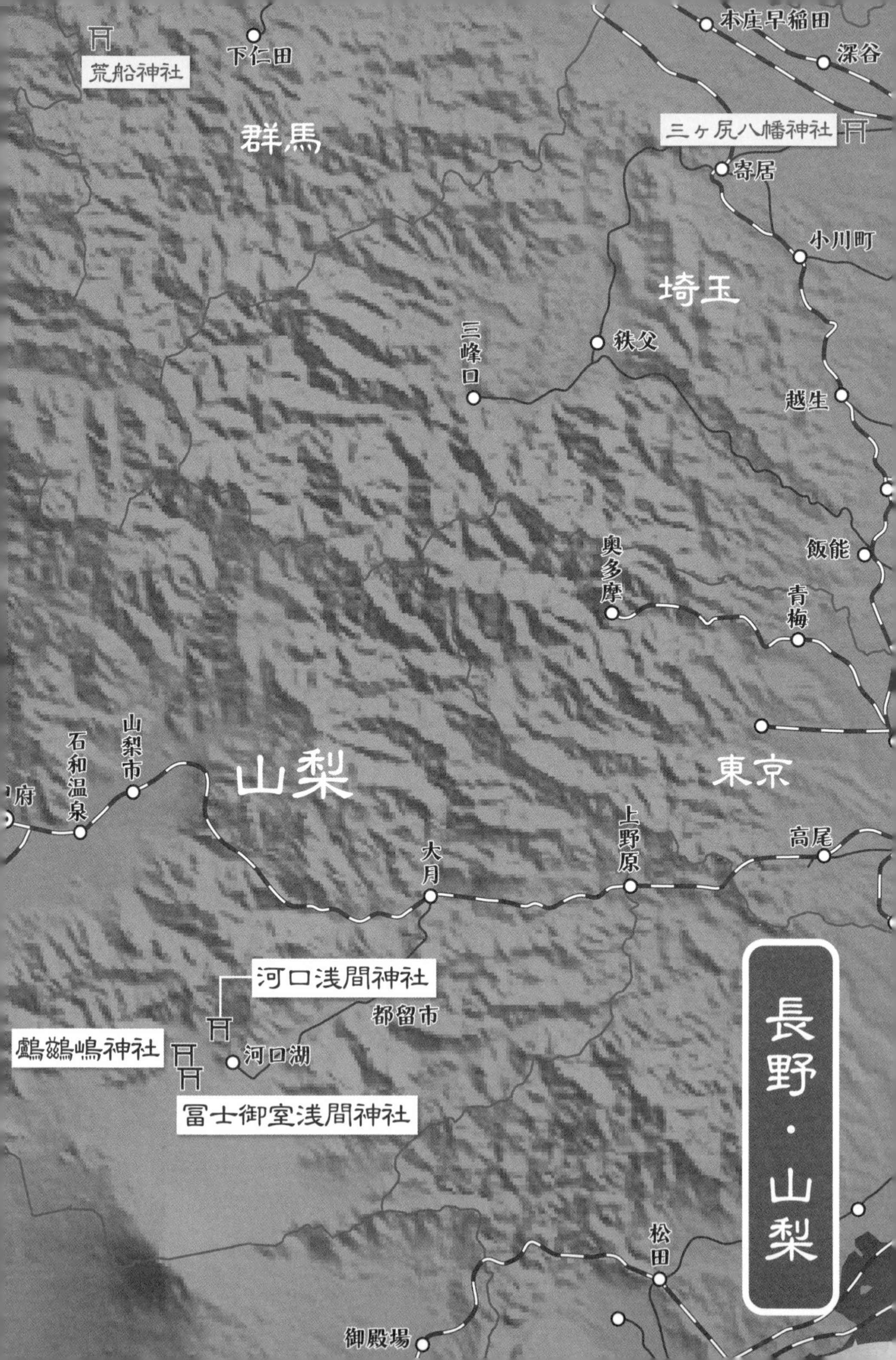

長野・山梨
荒船神社
下仁田
本庄早稲田
深谷
群馬
三ヶ尻八幡神社
寄居
小川町
埼玉
秩父
三峰口
越生
飯能
奥多摩
青梅
山梨
東京
石和温泉
山梨市
府
高尾
上野原
大月
河口浅間神社
都留市
鸕鷀嶋神社
河口湖
冨士御室浅間神社
松田
御殿場

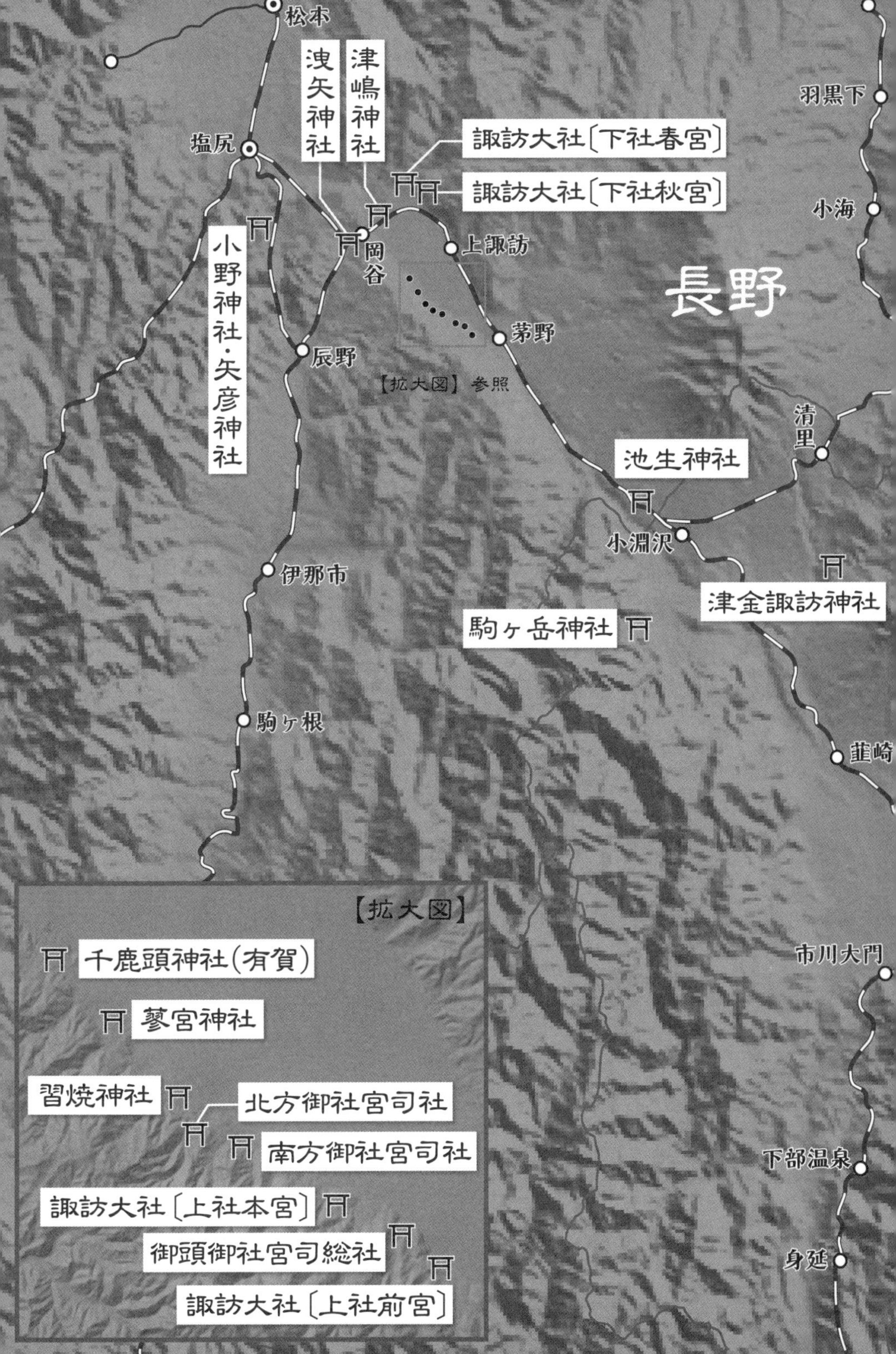
松本
羽黒下
津嶋神社
洩矢神社
諏訪大社〔下社春宮〕
塩尻
諏訪大社〔下社秋宮〕
小海
上諏訪
岡谷
小野神社・矢彦神社
長野
茅野
辰野
【拡大図】参照
清里
池生神社
小淵沢
伊那市
津金諏訪神社
駒ヶ岳神社
駒ヶ根
韮崎
【拡大図】
千鹿頭神社（有賀）
市川大門
蓼宮神社
習焼神社
北方御社宮司社
南方御社宮司社
下部温泉
諏訪大社〔上社本宮〕
御頭御社宮司総社
身延
諏訪大社〔上社前宮〕

諏訪大社（上社前宮）

茅野市

諏訪ならではの〝縄文ロケーション〟

諏訪大社は、信濃国の一宮で名神大社。全国に1万以上あるとされる諏訪神社の総本社という屈指の名社です。そして、14ページでもお伝えしたように、「縄文的信仰を今に伝えている神社」と名高いお社でもあります。「縄文農耕論」で有名な考古学者・藤森栄一(1)さんをはじめ、諏訪を研究する各分野の先生方が、諏訪神の根源は縄文に遡る……と推察しておられますし、諏訪大社を中心とした諏訪盆地(2)の神事には、縄文由来と考えられるエッセンスが、随所に残されています。

私が提唱する〝縄文神社〟という考え方は、そんな諏訪大社にちゃんと当てはまるのだろうか……と、ドキドキしながら、諏訪盆地の縄文遺跡を調べました。結論から言うと、やはり諏訪大社とその周辺は、縄文遺跡だらけでした。そして関東とはちょっと異なる、諏訪ならではの「縄文ロケーション」があることに気づいたのです。

陽の気に満たされる

(1) 1911〜1973。上諏訪町（諏訪市）生まれ。「縄文中期農耕論」を提唱。諏訪考古学研究所を設立し、長野県考古学会会長などを歴任。諏訪信仰・民俗学研究などにも関わり。多くの考古学者を育成した。

(2) 本州を東西に走る中央構造線と、南北に走る糸魚川―静岡構造線が交差する場所であり、二つの断層によって生じた凹地。現在も地盤沈下を続けている。

諏訪湖と諏訪大社の位置

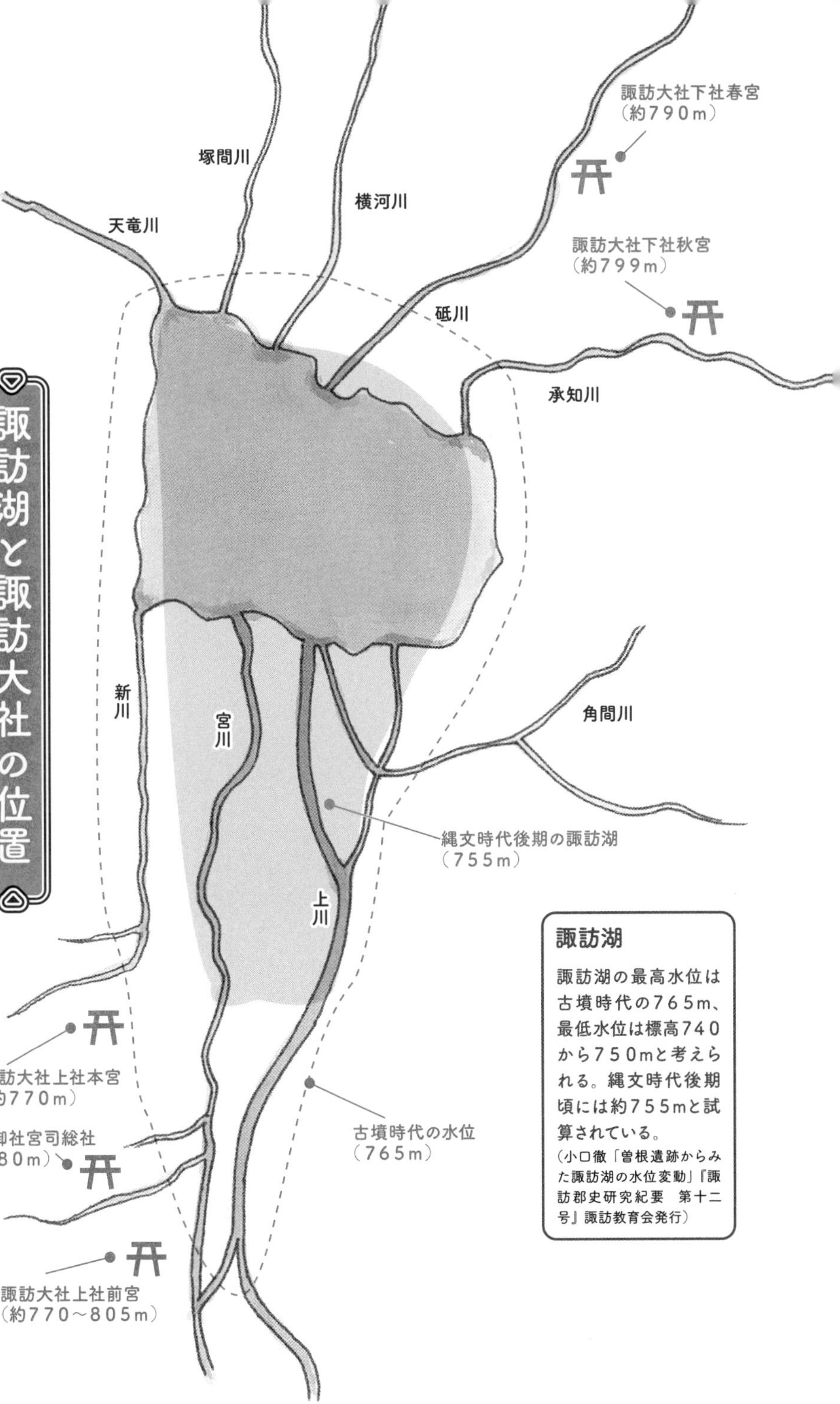

諏訪湖

諏訪湖の最高水位は古墳時代の765m、最低水位は標高740から750mと考えられる。縄文時代後期頃には約755mと試算されている。

（小口徹「曽根遺跡からみた諏訪湖の水位変動」『諏訪郡史研究紀要　第十二号』諏訪教育会発行）

諏訪大社が鎮座する諏訪盆地は、標高750メートルから900メートルの高地に位置します。この諏訪を含め、八ヶ岳（やつがたけ）(3)を中心とした長野東南部から山梨にわたる地域は、「中部高地」と呼ばれます。中部高地は黒曜石の一大産地であり、縄文中期には日本最大のムラ数を有したとされ、中期縄文文化の中心地だった場所です。

そんなエリアにおいても、諏訪盆地の特徴は際立っています。それは、諏訪湖を取り囲む「標高770~800メートルの斜面に遺跡がある」ということ。まるで帯のように遺跡が連なっており、また、諏訪大社と諏訪信仰において重要とされてきたお社が、そのラインに重なるように鎮座しているのです。

諏訪大社発祥の地〝上社前宮〟

諏訪大社には上社（かみしゃ）（本宮（ほんみや）・前宮（まえみや））と下社（しもしゃ）（春宮（はるみや）、秋宮（あきみや））があり、上社は諏訪湖の南側、下社は北側に位置しています。現在の主祭神は、建御名方神（たけみなかたのかみ）(4)と妃神・八坂刀売神（ささかとめのかみ）(5)ですが、「諏訪大明神（すわだいみょうじん）」「お諏訪様」と呼ばれ、上社を男神、下社を女神とする信仰も伝わってきました。上社も下社も御霊代は東西にある宝殿の中に坐し、7年に1度の御柱祭とともに遷座するとされています。しかし同時に、上社の御神体は守屋山（もりやさん）、下社の御神体は、東西宝殿の間にある杉の大樹（春宮）、イチイの大樹（秋宮）ともされています。御神体が異なることや成り立ちから、その根源は別々のものと考えられ

(3) 最高峰の赤岳（2899m）をはじめ、北端の蓼科山（2530m）、南端の編笠山（2524m）など、標高2000m級の峰が連なる。

(4) 『古事記』『先代旧事本紀』には出雲神・大国主神の御子神とある。天津神との国譲りで力比べに負け、「科野国の州羽の海」に逃げ、諏訪国から外に出ないことを条件に助命されたという。母は高志沼河姫（『先代旧事本紀』）。『日本書紀』『出雲国風土記』には登場しないため、ミナカタ（水潟）＝諏訪湖を神格化したとも考えられる。

(5) 詳細は不詳。北九州の海人族・安曇氏ゆかりの女神とする説がある。古くは下社の祭神ともいう。

(『神長官 守矢史料館周辺ガイドブック』(茅野市神長守矢史料館)、『下諏訪町誌』などを参考に作成)

ますが、いずれにしても「お諏訪様」は、風の神、豊かな実りをもたらす神、また日本一の狩猟神・武神として、全国で信仰されてきたのです。

これまでもお伝えしてきましたが、「これこそ縄文神社だ」と感じる風景があります。高台の見晴らしのよい場所にあり、湧水に恵まれ、優しい風が吹く。心が安らいで、ほっとする場所……。そういえば、諏訪大社にもそんな場所がある――と頭に浮かんだのは「上社前宮」と、前宮に沿うように流れる水眼川（すいががわ）でした。初めて参拝した時、私はそのあまりに美しい光景に、陶然となったのです。

上社前宮は、諏訪大社発祥の地と考えられている場所です。風の通る高台に、こんもりとした樹叢（じゅそう）に包まれた美しいお社。側を流れる清流と太陽の日を反射して輝く立派な御柱と背後に控える守屋山(6)……。重厚で深遠ですが、同時に明るく朗（ほが）らかな雰囲気もあります。まさに私が出会ってきた「縄文神社」の光景です。

前宮周辺の遺跡は、中心になるのは平安時代以降ですが縄文中期以降の土器や石棒（せきぼう）なども確認されています。ここはまず、諏訪大社の始まりの場所だとされる上社前宮からお参りしてみましょう。

上社祭祀に登場するミシャグジとソソウ神

前宮は、本殿のある方向に向けて境内が緩やかな上り坂になっています。二之鳥居

（6） 標高1651m。土地の人は「もりやさま」と呼ぶ。山に雲がかかると麓で雨が降るとされ、雨水の精霊の鎮まる山（コモリヤ山）として信仰されたという（『下諏訪町誌』）。山頂には守屋神祠がある。

（7） 御室に籠もっていた大祝・ミシャグジ・神長官・神使が、御室から出て行う春の神事。御頭祭は、鹿の生首やさまざまな動物・植物を神に献じ、それらを神と人がともに食べる饗宴。その後ミシャグジは神使とともに各地を巡行する。八ケ岳山麓で狩猟を行う御射山御狩神事とともに、狩猟民だった縄文スワの祭祀を伝えているとされる。

の中央の石段を挟んで、左手に見える長い建物は、上社例大祭の御頭祭(7)が行われる十間廊です。右手に見えるのが内御玉殿、そしてその少し先には、大きな木に挟まれるように小さな石祠「御室社」があります。この御室社こそ、上社の重要な神事の一つである「御室神事」が行われていた場所です。ここで少々立ち止まって上社の歴史と祭祀、その中に潜む〝縄文的なもの〟を想像してみます。

御室社と大欅

上社の始まりは、ざっくり考えると2段階あります。その萌芽はおそらく弥生時代末頃。もともとこの地に住んでいた人たち（縄文スワの子孫）(8)を核として、縄文に端を発する信仰を伝えていました。彼らはのちに洩矢族といい、彼らが奉斎するのは洩矢神、あるいは〈ミシャグジ〉(9)と呼ばれる神です。

そして、そこに天竜川を遡上して、移住してきた人たちがいました。こ

(8) 旧石器時代以降、かなりの人口増減があった。最盛期は縄文中期で、後期に入ると縄文スワの人口は何らかの影響で減少した。弥生以降に外から人の流入があり、縄文スワの子孫と交わって、人口が増加していったと考えられる。

(9) 御社宮神、御作神、御左口神など様々なあて字があり、ミシャグチ神、オシャグジなど呼び方も様々。関東などでシャクジン、おしゃもじ様といった名前で祀られる神は、諏訪のミシャグジに連なる信仰と考えられている。

の人たちは出雲神（のちに建御名方神とされる[10]）を祀る人々です。はじめ洩矢族と出雲族は激しく戦いましたが、出雲族の勝利という形でいったん決着、のちに融和して、ともに神祀りを行うようになりました。これが上社の始まりです。

頂点の現人神である大祝には、勝者である出雲族・神（しん、みわ）氏の少年が就きます。洩矢族の長はその補佐をする神長官となりました。御室神事では、竪穴住居のような、12坪ほどの大きな土室（御室）を造り、その中に設けられた座に、大祝と神長官、神使と呼ばれる幼童たちが籠もります。

ちなみにこの神事に登場するのは、〈ソソウ神〉と〈ミシャグジ〉です。ソソウ神はおそらくは蛇神、ミシャグジは石や樹に降りる神で、洩矢族の神と考えられます。大祝たちはこの神々と一緒に、冬の間の約３か月、御室に籠もったのです。

大祝の屋敷（神殿）は、中世以降は本宮近くに移り、神原と呼ばれたこの地は、前宮と呼ばれるようになりました。御室神事は戦国時代に途絶えてしまったといいますが、この御室社の周辺で、そのような神事が行われていたと想像すると、背筋がぞくぞくしてきます。

御柱と縄文時代の立柱祭祀

御室社からのどかな道を上っていくと、本殿エリアが見えてきます。盛り上がった

（10）渡辺匡一氏によると、14世紀に成立した『諏訪大明神絵詞』以降に、諏訪の祭神は建御名方神とされた可能性が高いという。

チカモリ遺跡の環状木柱列（復元）〔写真提供：金沢市埋蔵文化財センター〕

ところに本殿があり、少し低めの位置の四方に立派な御柱が建っています。

7年に1度行われる御柱祭(11)は、諏訪大社の奇祭として有名です。御柱はこの「御柱祭」で建てられるものですが、これを縄文時代の「立柱祭祀」に根源があるとする説があります。「立柱祭祀」は柱を建てる祭りで世界中に見られ、祖霊祭祀であることが多いようです。日本国内でも、縄文遺跡に立柱祭祀跡が発見されています。諏訪文化圏でも、八ヶ岳山麓や守屋山山麓で、「方形柱穴列」と呼ばれる祭祀遺跡が発見されました(12)。これを御柱祭の萌芽と見るのです。

「方形柱穴列」は、柱の穴が四角形に並ぶ祭祀施設跡です。諏訪文化圏の遺跡では、柱穴だけで木材は確認できなかったのですが、例えば石川県のチカモリ遺跡(13)では、

(11)　正式名は「諏訪大社式年造営御柱大祭」。7年に1度、宝殿の造営・遷宮が行われ、四方の御柱（樅の木）も建て替えられる。主役の樅の木は、上社は八ヶ岳の前山である御小屋山から、下社は霧ヶ峰高原の八島湿原近くの東俣から選ばれる。正式に選ばれた木には薙鎌を打ち込まれ、「御柱（神が宿る木）」となる。御柱は氏子たちに曳行され、所定の場所に建てられて、宝殿遷座祭が行われる。

(12)　八ヶ岳山麓の遺跡は「阿久遺跡」（前期）、「棚畑遺跡」（中期）、また守屋山山麓の遺跡は「十二ノ后遺跡（前期）」という。

約350点の木柱の根っこ部分と「環状木柱列（かんじょうもくちゅうれつ）」が出土しました。この木柱は、約20キロメートル離れた場所で伐採し、藤蔓（ふじづる）を巻いて曳いてきたと想定されているのです

水眼川と三之御柱

（13）金沢市の犀川扇状地に位置する、縄文後期から晩期の集落遺跡。発見され

が、この流れが「御柱祭」と似ています。諏訪で出土した方形柱穴列でも同じような祭祀が行われたと考えると、「御柱祭」のルーツと考えたくなります。

ただ、ちょっと冷静になって考えますと、縄文以降の諏訪の遺跡では、立柱祭祀跡が出土していないので、「御柱祭」の中にそのまま継承しているとは言いきれません。しかし、ほかの地域には見られない、諏訪ならではの神事として存在し続けてきた「御柱祭」には、その精神の根底に、縄文スワの祈りのエッセンスを宿していると考えていいのではないかと思います。

諏訪湖周辺含め中信（ちゅうしん）・南信地方を巡拝していると、神社の多くに御柱が建っていることに驚きます。小さな祠（ほこら）もその一つ一つの四方に、立派な御柱が建っているのです。この光景はほかの地域では見られません。御柱の成立には、ご紹介してきた縄文以来の祖霊祭祀を根源とする説のほかに、結界説や風雨鎮祭説などたくさんありますが、いずれにしても、諏訪文化圏の人々が自発的に行ってきた、神様を奉じる大切な作法であることは間違いないでしょう。

水眼川の水源へ

水眼川の御手水（おちょうず）で清めてから、拝殿の前で本殿にお参りします。ぐるっと回ると本殿が見えます。静かな佇まいがなんとも上品です。玉垣の中には本殿の背後にケヤキ

た木材は栗が多く、樹皮は剝がれ、縦半分に割られてかまぼこ型になっているものなど、ほとんどが加工された木材だったという。「環状木柱列」は、北陸を中心に全国で10か所以上発見されている。

の巨木と石の柵で囲われた藤の巨木が見えました。前宮は、拝殿の奥に諏訪大明神のお墓（神陵）があるという言い伝えがあります。この瑞垣のあたりがその神陵でしょうか。あるいはこのこんもりとしている本殿一帯が神陵であるかもしれません。

そんなことを想像しながら、御神木が作ってくれた心地よい日陰で一休み。二ノ御柱の前まで戻ってきて、御神水とされる水眼川の流れに、再び手を浸してみます。古くから諏訪大明神は龍神（水神）とする信仰がありましたし、この水眼川の生き生きとした清流は、小さな龍神のように思えます。水神（龍や蛇）への信仰は、縄文神社でもおなじみです。特に中期の土器に登場する蛇や蛙のデザインを脳裏に浮かべながら、水眼川の水源を目指します。

水眼川の流れに沿って一般道から山道へ入ると、明らかに空気が変わりました。上社の御神体である守屋山の山中に入ったことを感じつつ、少し気を引き締めて前へ進みます。しんとした山の空気をなだめるように、水の音が導いてくれます。

山道を右に折れ、山の神古墳(14)を左手に見ながら進みます。しばらくすると再び水眼川の溢れるばかりの清流が現れます。川に沿って、ガレ場(15)のような湿った山道を登っていくと、水源に到着。苔むした石の合間から、コポコポと美しい水が湧き出ています。水源の周りは大きく空間が開けていて、まるで巨大な木々のドームの中にいるかのようです。

(14) 諏訪氏に属する人物の墳墓と考えられる。

(15) 拳より大きめな石が覆っている斜面のこと。

水眼川水源

さらに山道を上っていくと、杖突峠（つえつきとうげ）に到達するという。杖突峠は、諏訪から伊那（いな）に抜ける古道にあり、前宮付近が現人神・大祝が住まう場所だった理由も、そのような人の流れが関係しているのではないだろうか。建御名方神は伊那からやってきたとする説もある。

ふと視線を上に向けると、小さな石祠が見えました。四方に白木の御柱が建てられていて、鹿の頭骨とお酒がお供えされているのが見えます。瞬間、木々の間から日光が差し込みました。あまりの神々しさに、思わず背筋をただします。私はこの場所に来られた喜びを感謝して、水源と石祠に拝礼しました。

山上の聖地——諏訪盆地と八ヶ岳

水源周辺に縄文遺跡は確認できませんが、前宮の鎮座する地は水眼川の扇状地(せんじょうち)(16)です。この水源があったからこそ、縄文時代からずっと人々の暮らしがあったのだと思います。1年を通して変わらない水温と水量を誇り、水質も飛びぬけてよいという水眼川は、時代を超えて、この集落の人々を支えてきた母なる存在です。

再び川筋を伝って山道を抜けると、諏訪盆地と八ヶ岳に連なる山並みが遠望できました。諏訪湖は時代によって水域が変化しています。縄文時代、前宮エリアの前方あたりには湿地帯のような光景が広がっていたかもしれません。縄文の人たちが目にしていたのは、豊かな湖から連なる湿原、そして広大な山並みと八ヶ岳の個性的な山容だったでしょう。

上社の御柱は八ヶ岳の前山である御小屋山(おこやさん)で伐り出されて曳行(えいこう)されてきますし、御(み)狩神事(かりしんじ)(17)も八ヶ岳山麓で行われていました。上社の大切な神事は八ヶ岳との強いつ

(16) 川が山から平地へ流れ出るところに形成された扇形の地形。

(17) 上社の特殊神事。かつては八ヶ岳西麓の原野(原山)で行われた。御狩押立神事(5/2)・御作田御狩神事(6/27)・御射山御狩神事(7/27から)・秋尾御狩神事(9月下旬)と年4度行われる。

ながりを示しています。実際にこの場所に立つと、なぜ八ヶ岳が特別なのかわかる気がしました。

ほかの山々ももちろん立派で美しいのですが、八ヶ岳の個性的な美しさに、どうしても目が行ってしまうのです。そしてちょうど東方に当たるので、朝日も八ヶ岳あたりから昇ります。守屋山麓に暮らす人々にとって、八ヶ岳は、太陽が昇る場所に位置する聖山、そんなイメージだったのではないかと想像します。そして守屋山はともに生きる母なる聖山だったのでしょう。

諏訪の文化はとても深遠に感じます。しかし実は、縄文文化のように、ほかの土地では深く眠っていて、容易に触れることができない日本文化の根源が、何喰わぬ顔をして露頭している奇跡の場所なのです。その文化を束ねるのが諏訪大社であり、諏訪の人々とこの風土です。

不思議で魅力的な諏訪。あまりに長い歴史が重層的に保全されているがために、外から来た人間からすると少々気後れしてしまいますが、ここは思い切って、諏訪の大きな懐に飛び込んでしまおうと思います。そのためには歩くのが一番。前宮から、峯の湛（たたえ）（神使に神降しをした場所）やミシャグジの総本社・御頭御社宮司総社（おんとうみしゃぐじそうしゃ）、武居畑（たけいばた）遺跡展望台を経て本宮を巡拝します。この道がまた素敵なのです。

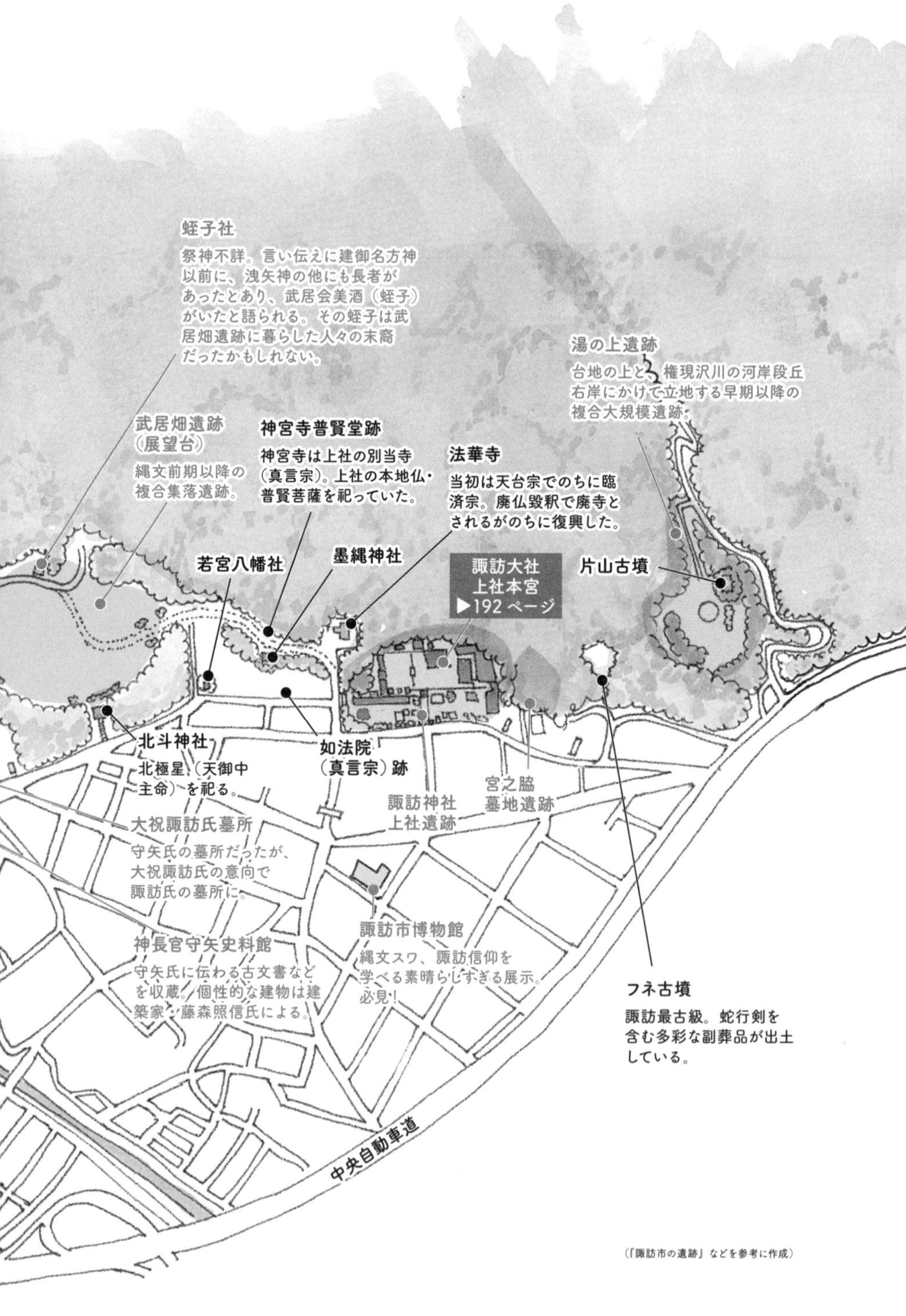

蛭子社
祭神不詳。言い伝えに建御名方神以前に、洩矢神の他にも長者があったとあり、武居会美酒（蛭子）がいたと語られる。その蛭子は武居畑遺跡に暮らした人々の末裔だったかもしれない。
湯の上遺跡
台地の上と権現沢川の河岸段丘右岸にかけて立地する早期以降の複合大規模遺跡。
武居畑遺跡（展望台）
縄文前期以降の複合集落遺跡。
神宮寺普賢堂跡
神宮寺は上社の別当寺（真言宗）。上社の本地仏・普賢菩薩を祀っていた。
法華寺
当初は天台宗でのちに臨済宗。廃仏毀釈で廃寺とされるがのちに復興した。
若宮八幡社
墨縄神社
諏訪大社
上社本宮
▶192 ページ
片山古墳
北斗神社
北極星（天御中主命）を祀る。
如法院（真言宗）跡
宮之脇
墓地遺跡
諏訪神社
上社遺跡
大祝諏訪氏墓所
守矢氏の墓所だったが、大祝諏訪氏の意向で諏訪氏の墓所に。
諏訪市博物館
縄文スワ、諏訪信仰を学べる素晴らしすぎる展示。必見！
神長官守矢史料館
守矢氏に伝わる古文書などを収蔵。個性的な建物は建築家・藤森照信氏による。
フネ古墳
諏訪最古級。蛇行剣を含む多彩な副葬品が出土している。
中央自動車道

（『諏訪市の遺跡』などを参考に作成）

諏訪大社上社前宮～本宮周辺地図

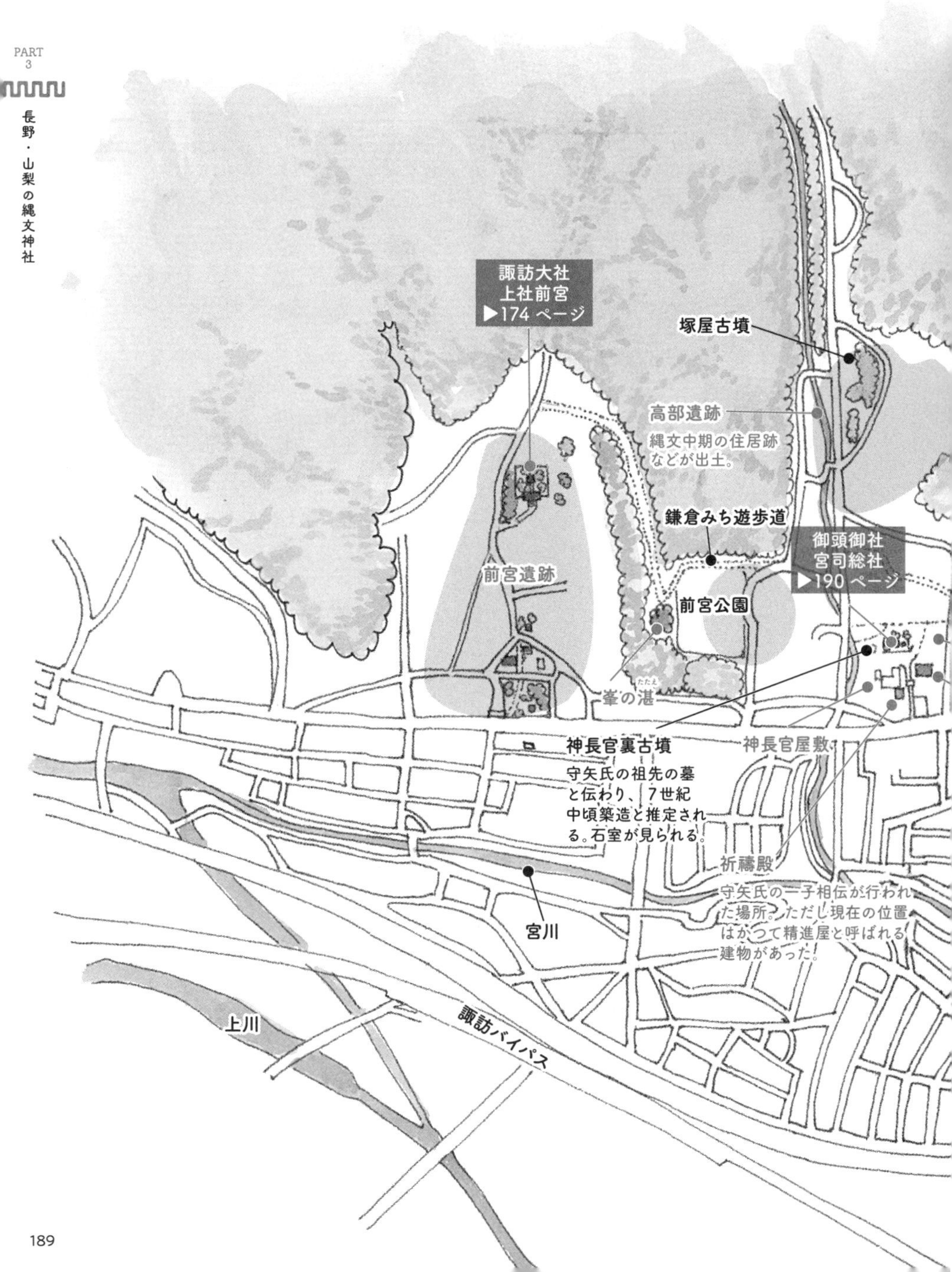

御頭御社宮司総社（御左口神社）

茅野市

ミシャグジ信仰の総本社

ミシャグジは、降りたり上がったりする神で、木に降りて石に宿ると考えられます。ただし上社の神事では、笹や人にも降りる場合があり、ミシャグジを降ろせるのは守矢氏だけ(18)と伝わります。そんな守矢氏のお屋敷には、ミシャグジを祀る総本社が鎮座しています。

この総社の御神体は「石棒」で、隣の祈禱殿の御神体は「石棒と石皿」なんだそうです。敷地内では確認できませんでしたが、周辺では縄文遺跡が発見されています。やはり、御神体となった石棒や石皿も、その周辺に出土したものでしょうか。

各地でミシャグジを確認した郷土史研究家・今井野菊さんは、ミシャグジは古木の根元に石器（特に石棒）を祀る形が最も典型的で、村の中心から西の方向で、眺望のよい小高いところなどに鎮座し、周辺から縄文土器が出ると言います（『古代諏訪とミシャグジ祭政体の研究』）。また今井さんは、「前宮の祭神は本来ミシャグジ」と言っています。

深遠な歴史……

(18) 守矢氏の祖霊は洩矢神と呼ばれ、彼らが祀った神がミシャグジだが、同一視されることもある。諏訪の伝承では洩矢神がカエル、征服者である大祝がヘビとする説話が多いという。

するとミシャグジは、諏訪の根源的な神として上社前宮を中心に祀られつつ、守矢氏の家神として、また、各地に広がっていたミシャグジ信仰の統率といった意味でも、こちらで祀られていたということでしょう。

梶の木と栗の実と心地よい風

今井さんが語る「ミシャグジ」が鎮座する場所は、これまで私が「縄文神社ならでは」と考えてきたロケーションとあまりにも似ています。

そして総社も、まさにそんな場所にあります。風通しのよい高台に石垣が設けられ、その上に木の祠が鎮座し、御神木（梶の木）(19)が優しく覆っています。周辺には栗の木が植わっていて、祠にはツヤツヤとした栗の実がたくさん供えられていました。

参拝した人々が、境内に落ちている栗を持って帰るのではなく、ミシャグジさんに奉納したくなったのかなと想像されて、心が和みます。栗は縄文時代にも重要な食糧でしたから、ミシャグジさんへの奉納品として、とてもふさわしい気がしたのです。

敷地内には「神長官守矢史料館」があります。江戸時代の御頭祭の復元展示があり、シカやイノシシの頭、様々な動物の肉の供物や御贄柱、ミシャグジの神器とされる鉄鐸の「サナギ鈴」などを観ることができます。

(19) 諏訪大社の神紋は梶の葉。

諏訪大社〔上社本宮〕

諏訪市

守屋山の山麓を守る壮麗なお社

御頭御社宮司総社から武居畑遺跡展望台を経て、三之鳥居、二之鳥居をくぐると、二之御柱と樹齢1000年を超える大欅がお出迎え。その迫力に溜息がもれます。さすが守屋山のお膝元。境内には重厚な空気ときりっとした華やかさに満ちています。

反対側の西参道に立つ一之鳥居は別名を波除鳥居といい、中世以前はこの近くまで諏訪湖が来ていたそうです。今は諏訪湖まで5キロメートルほど離れていますが、長い間、この地は聖なる諏訪湖と聖山・守屋山の接点に鎮座する聖地だったのです。

肝心の縄文遺跡(20)は、磨製石斧が出土したという記録はあるものの、改築・再建を繰り返しているために、実際の様子は定かでありません。しかし、北西に隣接する段丘上に宮之脇墓地遺跡、さらに北西に湯の上遺跡もあり、周辺の状況からして、本宮周辺にも縄文の人々の暮らしと祈りの場があっただろうと想像しています。

(20) 本宮周辺の遺跡を諏訪神社上社遺跡という。中世以降を主とした複合遺跡で、縄文中期の遺物の記録はあるが、遺構は確認されない。

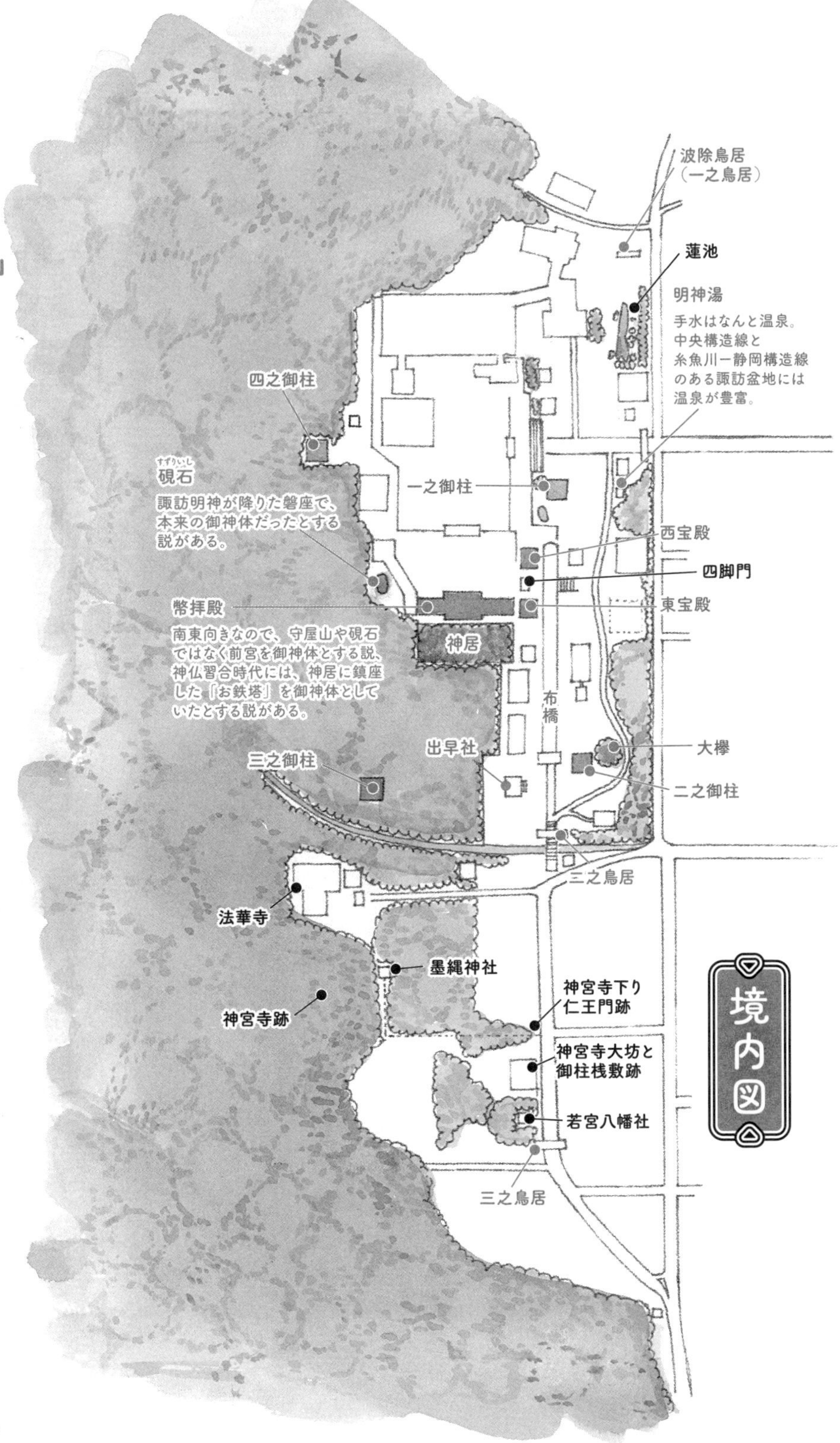

境内図

波除鳥居
（一之鳥居）

蓮池

明神湯

手水はなんと温泉。中央構造線と糸魚川ー静岡構造線のある諏訪盆地には温泉が豊富。

四之御柱

硯石（すずりいし）

諏訪明神が降りた磐座で、本来の御神体だったとする説がある。

一之御柱

西宝殿

四脚門

幣拝殿

南東向きなので、守屋山や硯石ではなく前宮を御神体とする説、神仏習合時代には、神居に鎮座した「お鉄塔」を御神体としていたとする説がある。

東宝殿

神居

布橋

大欅

出早社

三之御柱

二之御柱

三之鳥居

法華寺

墨縄神社

神宮寺跡

神宮寺下り
仁王門跡

神宮寺大坊と
御柱桟敷跡

若宮八幡社

三之鳥居

諏訪大社（下社春宮）

諏訪郡下諏訪町

砥川と和田峠、承知川と諏訪湖

続いて下社にうつりましょう。長い歴史の中で史料を消失してしまい、不明なことが多いのですが、下社にも「大祝」と、上社の神長官にあたる「武居祝」(21)がいたことはわかっています。「大祝」は上社と同様に移住者の氏族(22)から、「武居祝」には諏訪湖東北岸の先住民（縄文シモスワの子孫）の代表者「武居族」から就任しました。

出雲族（神氏）がやってきた時、諏訪には洩矢族以外にも栄えていた氏族(23)があり、出雲族に屈服した勢力は、上社では神長官、下社では武居祝となり、融合したようです。

この物語は弥生末期と考えられるので、縄文時代からは時差があります。しかしこの武居族もまた、縄文以来の下諏訪の文化を継承していたはず……。ということで、ここは武居族を念頭に下社周辺を歩いて、彼らの祖先である縄文シモスワの人たちのことを、想像してみましょう。

歩きたくなる

(21)『下社社例記』に武居大友主神、恵美志命の後裔とある。のちに今井氏を名乗る。

(22) 弥生末頃に神氏、8～9世紀頃に東信地方から、信濃国造・大（多）氏の支族・金刺舎人氏がやってきて下社大祝になった（『下諏訪町誌』）。

(23) 守矢氏78代目の守矢早苗氏によると「稲作以前の諏訪盆地には、洩矢の長者の他に、蟹河原の長者、佐久良の長者、須賀の長者、五十集の長者、武居の長者、武居会美酒、武居大

境内と周辺図

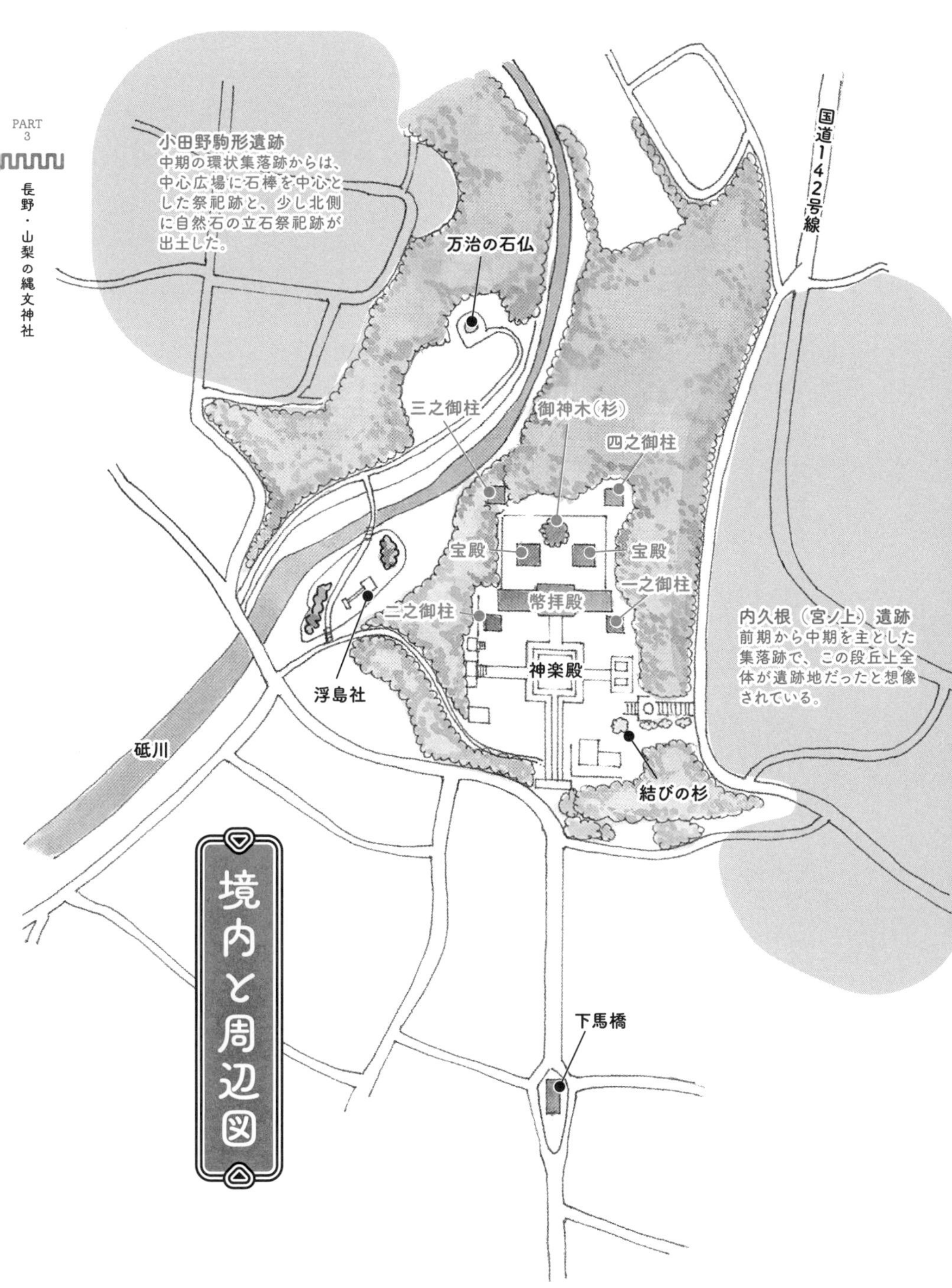
小田野駒形遺跡
中期の環状集落跡からは、中心広場に石棒を中心とした祭祀跡と、少し北側に自然石の立石祭祀跡が出土した。
万治の石仏
国道142号線
三之御柱
御神木（杉）
四之御柱
宝殿
宝殿
一之御柱
二之御柱
幣拝殿
神楽殿
浮島社
内久根（宮ノ上）遺跡
前期から中期を主とした集落跡で、この段丘上全体が遺跡地だったと想像されている。
砥川
結びの杉
下馬橋

確認してみると、やっぱり春宮と秋宮の周辺には、おびただしい縄文の痕跡がありました。春宮境内には残念ながら確認できませんでしたが、取り囲むように縄文遺跡があり、秋宮には境内とその周辺から遺跡が発見されています。

春宮周辺に大集落遺跡が営まれた理由は、地図を見ると一目瞭然。春宮の脇を流れる砥川に沿って登っていくと、黒曜石産地(24)として栄えた和田峠に達します。またこの道は佐久（さく）市に抜ける道（現・中山道）で、重要な交易ルートでした。春宮周辺の縄文シモスワ人は、この砥川と和田峠、そして黒曜石交易にゆかりの人々だったでしょう。

このルートは、諏訪へ移住してきた下社大祝の氏族が通った道とも重なります。下社の御柱を伐採する東俣（ひがしまた）地区(25)も木落とし坂がありますし、やはりこの地域とルートが聖域であり、のちに春宮となった理由ではないでしょうか。

砥川河口の縄文集落と春宮

そんなことを頭にとどめつつ、地形を感じながら歩いてみます。

下社の御霊代は2月から8月は春宮に、8月から1月末までは秋宮に鎮座します。山の神が、春に降りてきて里（田）の神となり、冬になると山に戻るというスタイルは、全国でみられるおなじみの在り方です。縄文以来の諏訪らしさかというと、ちょっと違うかもしれませんが、その順序に従ってまずは春宮からお参りします。

友主などが住んでいたそうです」という（『神長官守矢史料館のしおり』）。

(24) 黒曜石はガラス質の火山岩。どこでも取れるものではなく、本州中央部では、和田峠も属する中部高地（霧ケ峰から八ケ岳）に原産地が集中している。

(25) 縄文時代の黒曜石採掘遺跡もある。

砥川の流れ

ちなみに、御柱祭でも春宮の一之御柱から建てるそうなので、神社としてより古い場所は、春宮なのかもしれません。

春宮境内は、中山道(なかせんどう)(国道142号線)と砥川(26)に挟まれた台地にあります。石鳥居をくぐると少し坂になっていて、一歩進むごとに静謐(せいひつ)な空気に包まれるような気がします。下社には女神が祀られているとされますが、なんとなく納得。全体に楚々(そそ)とした佇まいです。

弊拝殿から参拝し、御柱と摂社にもぐるりと参拝します。立派な御柱が青い空に突き抜けている様子はなんとも神々しい。御柱に結界説がありますが、やはり結界を示すだけで

(26) 砥川は和田峠周辺を発して、霧ケ峰車山を源流とする支流・東俣川などと合流して、諏訪湖に流入する。

万治の石仏

春宮に大鳥居を奉納する際に、礎石とすべく巨岩に刃を入れたところ、巨岩が血を流した。驚いた石工は作業を中止し、阿弥陀如来を彫ったという伝説がある。万治３年（1660）の銘があるため万治の石仏と呼ばれる。大日如来と阿弥陀如来を一体にしたもので弾誓上人の供養塔ともいう。

なく、この柱そのものに意味がある……と改めて思います。

境内左手から砥川の川岸に歩いていきます。砥川に架かる赤い橋の上から、しばし川を眺めます。対岸は高台になっており、その台地の上から小田野駒形（おだのこまがた）遺跡が発見されているのです。旧石器以降ずっと集落があった遺跡で、特に、中期の環状集落跡が確認されており、中心には石棒祭祀跡や立石祭祀跡が出土していて、この地に重要なムラが営まれていたことがわかっています。

中洲（なかす）の浮島社（うきしましゃ）にご挨拶して台地側の川岸に渡り、遊歩道を２００メートルほどいって少し上ったところに、有名な万治（まんじ）の石仏（せきぶつ）が現れます。石仏にお参りしてから、少し下がって背景の台地を見てみます。現在の遺跡地は住宅街なので想像するほかありませんが、縄文時代にはもっと砥川が近かったはず。実によい〝縄文ロケーション〟です。

春宮を挟んだ東側の台地上にも内久根（うちくね）遺跡という中期の環状集落遺跡があるので、境内のある場所とも関わりがあったと考えても、無理はないように思います。

春宮も秋宮も標高７９０メートル付近に鎮座しています。縄文時代には最大７６５メートルまで湖面が来ていた時期もあったそうですから、今よりもかなり近くに湖があったでしょう。

国道１４２号線を行くと、春宮と秋宮と同じくらいの標高を歩いていくことになります。縄文スワ湖を思い描きながら、秋宮へ向かいましょう。

諏訪大社（下社秋宮）

諏訪郡下諏訪町

承知川扇状地中央に鎮座する秋宮

秋宮は、承知川が形成した扇状地の中央にのびる台地の上に位置します。境内には諏訪下社秋宮遺跡があり、長年の土地改変のため遺構は確認されませんでしたが、石棒や石皿、土器（前期・中期）などが出土しています。

秋宮には、きりっと男性的な空気が流れているように感じます。以前、例大祭「お舟祭」(27)を拝見したことがあります。氏子さんが巨大な山車「お舟（柴舟）」を曳いてきて、神楽殿の周りを3周するのですが、柴舟を載せた木の橇が地面をこする音と、皆さんの掛け声が境内いっぱいに広がって、すごい迫力でした。さらにお舟を横に倒したりするので、上に乗っている人が転げ落ちます。御柱祭の「木落とし」でも人が落ちる様子を映像で見たことがありましたが、「お舟」でもそうなのかと度肝を抜かれました。その迫力に驚愕した時の余韻が、男性的だと思わせるのかもしれません。

(27) 8月1日に行われる遷座祭。この日をもって御霊代を春宮へ遷す。

境内と周辺図

武居恵美須社
洩矢神ともにタケミナカタと戦った武居大友主神を祀る。

承知川

武居遺跡
中期の土器や石器などが出土。

秋宮境内遺跡
前期・中期の土器や石棒、石匙など縄文の遺物が出土。

御神木（イチイ）

四之御柱

三之御柱

宝殿

宝殿

幣拝殿

一之御柱

二之御柱

神楽殿

いいなり地蔵尊

千尋社

御神湯
温泉手水

根入りの杉

秋宮恵比寿社

八幡社

八幡山遺跡
石棒などが出土。

神殿遺跡（金刺氏居館跡）
下諏訪中学校敷地内。中期から後期。ヒスイの大珠や滑車形首飾が出土しており、中心的集落だった可能性が高い。

青塚古墳
7世紀初頃の築造。諏訪地方で唯一の前方後円墳。周辺から縄文期の石皿や大型石斧なども発見されている（青塚遺跡）。

霞ヶ城（手塚城）跡
鎌倉時代の金刺氏居城跡。諏訪湖を見渡せる。
現在は駐車場になっている。

背筋を正して御柱と摂社にお参りしつつ、幣拝殿で拝礼。宝殿の合間に御神木が少しだけ見えました。参拝を終えて一の鳥居を出ると、左手の高台に八幡社と秋宮恵比寿社があります。このあたりにも八幡山遺跡があり、石棒などが出土しています。参拝して駐車場まで歩いていくと、下諏訪の町の向こうに、諏訪湖が現れました。

「御神渡り」の二つの終着点

諏訪湖と言えば、「御神渡り」があります。冬に湖水が凍り、氷がせり上がって亀裂となり、氷の筋道となる現象です。この不思議を、上社から下社へ「神が渡っている」と考えたのです。「御神渡り」の起点は上社近くで、下社近くの砥川付近と、承知川付近を終点とします。その氷圧は凄まじく(28)、まるで神が陸に上がってきたかのような迫力だそうです。この御神渡り現象は、縄文時代にも起こったはずで、湖（水潟）の神への畏れとなったでしょう。そして、亀裂がぶつかる終点近くにある砥川と承知川は、春宮と秋宮が鎮座する川です。諏訪湖に流れ込む川はほかにもありますが、この二つの川が特別だったのは、神が上陸する場所に近い川だったからだと思います。

現象から想像すると、神は守屋山の近くの浜から出発し、砥川か承知川近くの浜から上陸する。そしてそれぞれの川を遡上して聖地に宿ります。その聖地は、上（山）から御柱に宿って降りてくる神が坐す場所でもある……というわけです。

（28）「湖岸の石垣を破壊しあるいは土手を破り、または湖岸の葦や柳の切株を掘りあげ、甚しきは田甫にまで亀裂が及ぶ」（『下諏訪町誌』）という。

春宮と秋宮は、背景というか、属性が微妙に違う気がします。春宮地域は砥川―和田峠の交易に関わりのある人が多く、秋宮地域は、諏訪湖の漁民的な色合いの人たちが多かったのではないでしょうか。守矢早苗さんのお話にあるように、諏訪大社の前史時代には、様々な集落がそれぞれ栄えていました。ゆるやかな連帯はあったでしょうが、それぞれの神を奉じる、違うグループだったのだと思います。

春宮と秋宮もそれぞれ古墳群がありますし(29)、のちに春宮と秋宮となる聖地を守っていたのは、成り立ちの異なる人々だったのではないかと思います。つまり春宮と秋宮の根源はそれぞれですが、「御神渡りで渡ってくる神が到着する場所である」という共通点でもって、奉じる神が重なっていったのではないでしょうか。また上社と下社が、本来違う成り立ちなのに、やがて神を共有していくのも、「御神渡り」現象が、諏訪湖北東岸と西南岸の聖地を、結んでいったからではないかと想像するのです。

諏訪を歩いていると、これまで私が「縄文神社」で感じてきた感覚が、神社だけでなく、全体から湧き上がっているように感じます。私がいつも感じている特徴は、「優しい風が吹く」ことでしたが、特に諏訪大社四社が鎮座している標高――諏訪ならではの縄文ロケーション――付近に、特に心地よい風が吹いていると感じます。

そういえば、お諏訪様は〝風の神〟でもありました。そんなふうに想像をはばたかせていると、深く長い諏訪の歴史が、語り掛けてくれるような気がするのです。

(29) 春宮古墳群、秋宮古墳群、東山田古墳群の三つに群別される。春宮古墳群には天白古墳(7世紀前半)、秋宮古墳群には青塚古墳(7世紀中頃)、東山田古墳群には大祝邸裏古墳がある。

有賀〜真志野〜大熊地図

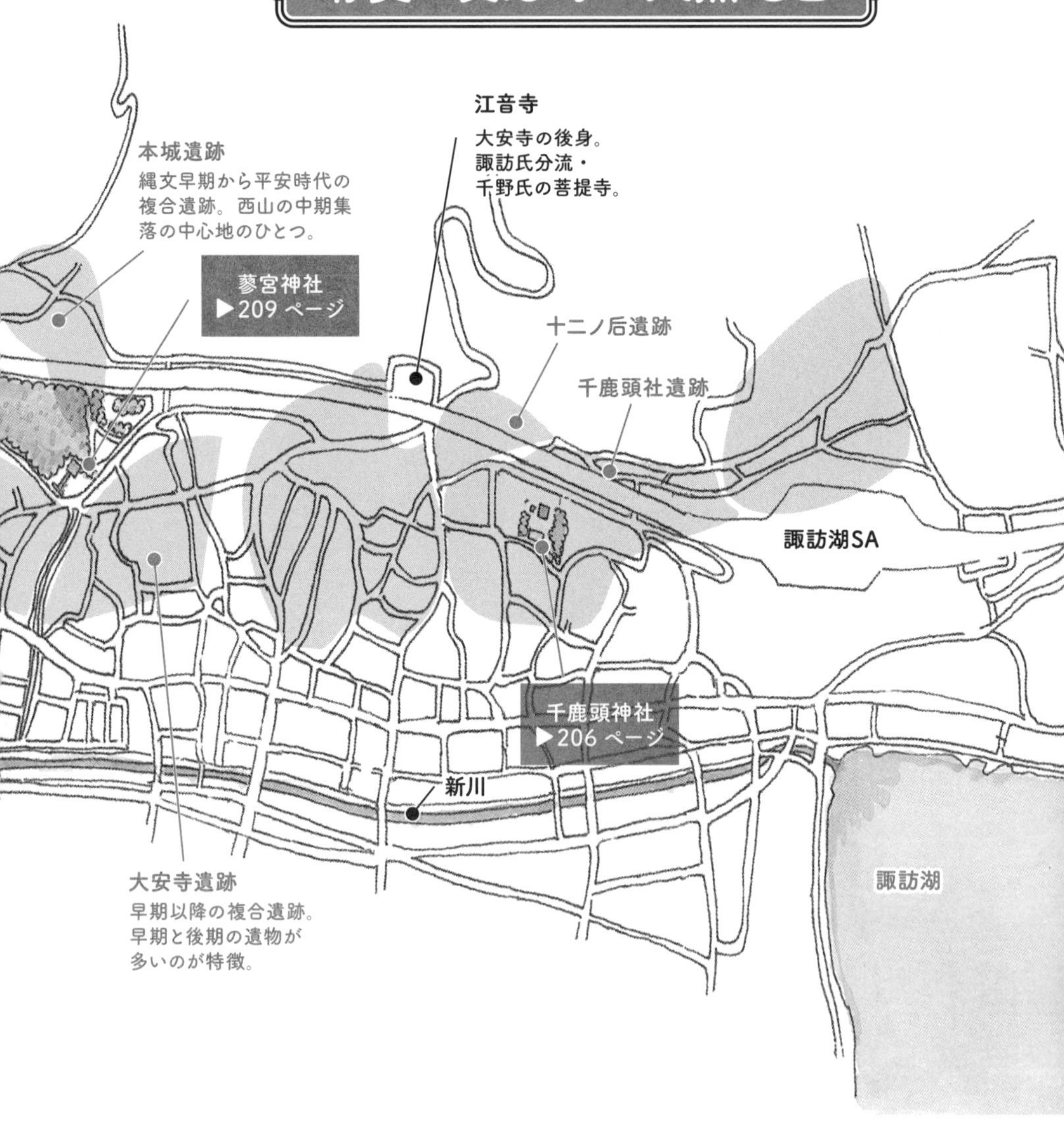
江音寺
大安寺の後身。
諏訪氏分流・
千野氏の菩提寺。
本城遺跡
縄文早期から平安時代の
複合遺跡。西山の中期集
落の中心地のひとつ。
蓼宮神社
▶209 ページ
十二ノ后遺跡
千鹿頭社遺跡
諏訪湖SA
千鹿頭神社
▶206 ページ
新川
大安寺遺跡
早期以降の複合遺跡。
早期と後期の遺物が
多いのが特徴。
諏訪湖

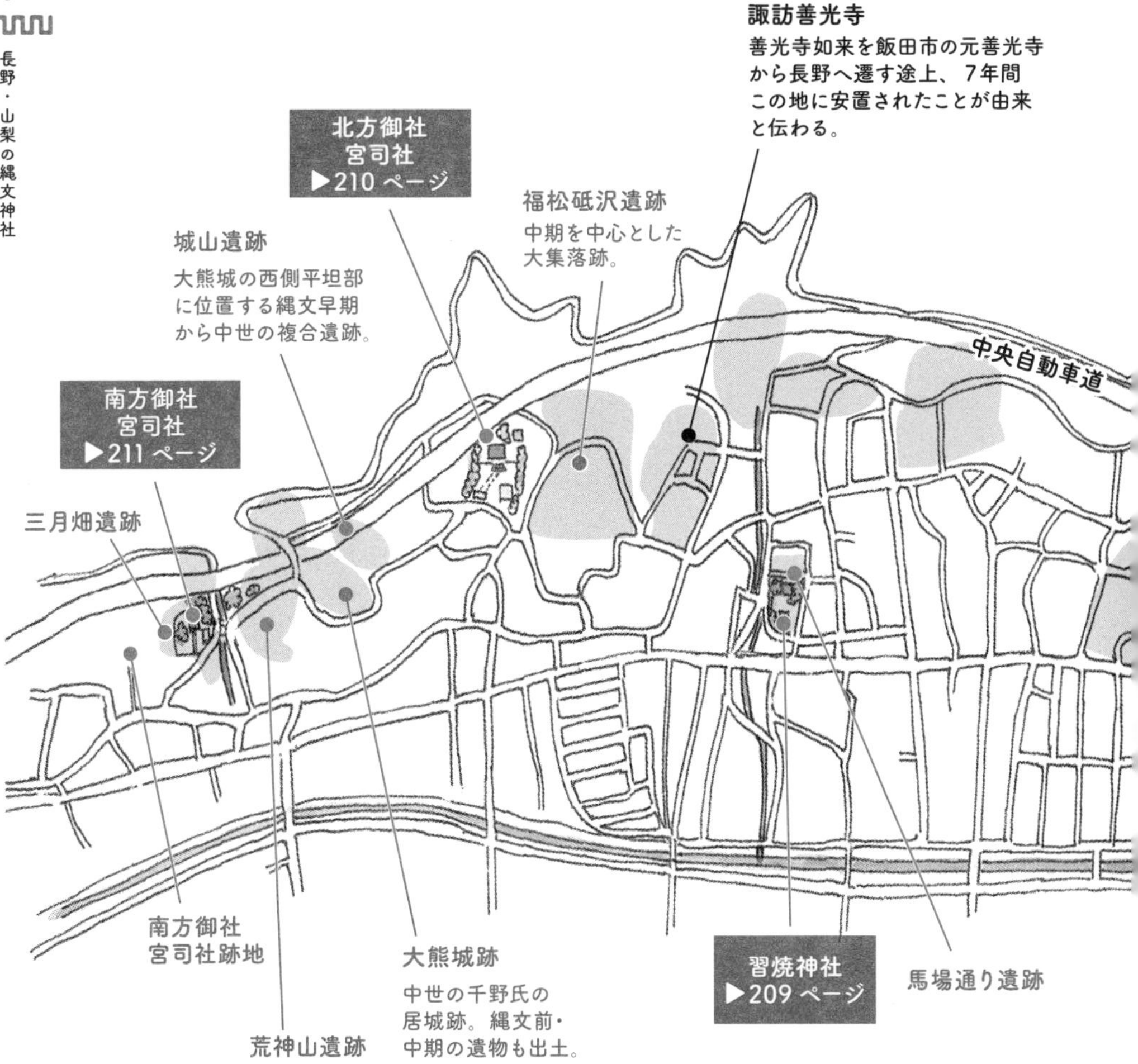

諏訪善光寺
善光寺如来を飯田市の元善光寺
から長野へ遷す途上、7年間
この地に安置されたことが由来
と伝わる。

北方御社
宮司社
▶210ページ

福松砥沢遺跡
中期を中心とした
大集落跡。

城山遺跡
大熊城の西側平坦部
に位置する縄文早期
から中世の複合遺跡。

南方御社
宮司社
▶211ページ

三月畑遺跡

中央自動車道

南方御社
宮司社跡地

大熊城跡
中世の千野氏の
居城跡。縄文前・
中期の遺物も出土。

荒神山遺跡

習焼神社
▶209ページ

馬場通り遺跡

（『諏訪市の遺跡』を元に作成）

千鹿頭神社（有賀）

諏訪市

諏訪西山でソソウ神の面影を追う

上社の御室神事で登場するソソウ神は、最も重要な神事に登場するのに、詳細がよくわからない神です(30)。「ソソウ神」を主祭神とする神社はないように思われますし、洩矢族が奉斎していたのか、あるいはほかに奉斎する氏族がいたのか……。上社の神事に蛇身で登場するので、おそらくは「蛇神」だということだけは、想像できるのです。

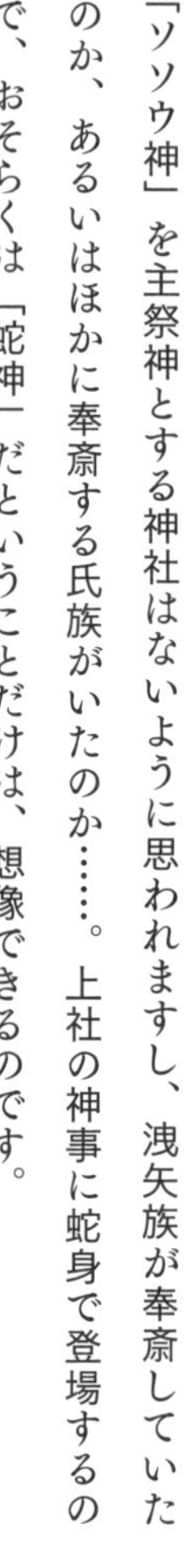

神事の祝詞（申立）によれば、ソソウ神は3か所に「出現」します(31)。その出現場所のうち1か所は不明ですが、2か所は有賀と真志野だそうです。この地域周辺を諏訪の人は「西山」と呼び、上社神事で重要な役割を果たす神社があり、同時に縄文遺跡が連なって発見されています。

これらの神社は標高770～800メートル付近に鎮座し、諏訪ならではの〝縄文ロケーション〟に位置します。ソソウ神を祀っているわけではありませんが、ソソウ神

わくわくする

(30) 北村皆雄氏は「〈石皿〉のようなもの、すなわち女性なるものの象徴であったのではないかと想像している」（「ミシャグジ祭政体考」『古代諏訪とミシャグジ祭政体の研究』）という。『下諏訪町誌』には「狩猟神と想像されている」とも。

(31) 出現するとされる場所は「みちのしり(有賀)、みちのなか(不明)、みちのくち(真志野)」。また外県惣領申の舞曲には、有賀は「こしき原」、真志野の「のやき原」とあるという(田中基『縄文のメドゥーサ』)。

が出現するとされていたということが、この地の重要性を物語っているように思います。ぜひともお参りして、ソソウ神と縄文スワの「風」を感じましょう。

標高790メートルに位置する有賀の産土神

ソソウ神登場の順序に倣って、諏訪湖に近い有賀の千鹿頭神社からお参りします。

有賀の千鹿頭神社は上社摂社で、かつて御頭祭で鹿頭を調達する役割をしていたという説があります。現在の御祭神は建御名方神の御子神・内県神(32)ですが、社名からしてもとは千鹿頭神だったのでしょう。赤城神社の項（119ページ）でも登場した「千鹿頭神」(33)は、『神長守矢氏系譜』（明治成立）に、守宅神(34)（洩矢神の息子）の子で、守矢氏の3代目とあります。狩猟神と考えられ、信州から関東、南東北の山岳・山麓地帯で広く信仰されています。

斜面は住宅地で、細い道が間を縫うように巡っています。坂道をグングン上っていくと、集落を見おろす位置に、こんもりとした社叢が現れました。石鳥居からして雰囲気良し。思わずにんまりしてしまいます。鳥居をくぐると、右手に水場のような場所があり、水神が祀られています。高台にもかかわらず、湧水があるのです。境内には立派な舞殿、そして拝殿と奥に本殿があり、左手には小さな御社宮司社があります。

お参りしてから裏手に回ると、一段高い位置に中央自動車道が見えました。高速道

（32） 内県は現在の諏訪郡（茅野方面とも）で、上伊那（大田切川以北）を外県、佐久地方や各地にある神氏族の領地を大県（御県とも。上諏訪・湖北をさす場合もある）として、建御名方神が信濃を統治するにあたって区分したという。

（33） 跡目を譲って松本市に移った伝承や、赤城山の妹神と結婚したという伝承が残る。

（34） 守矢神長官の2代目とされる。もりたの神、もりやの神ともいう。

路造成のためにこの一帯は遺跡の調査がされており、有賀から南の真志野地区、諏訪大社上社本宮のある神宮寺地区まで、つながるように遺跡が発見されています。

千鹿頭神社周辺は千鹿頭社遺跡と言い、前期を中心とした集落遺跡で、土偶や顔面把手（がんめんとって）なども出土しています。さらに裏手から西南方には、181ページでもご紹介した、縄文の立柱祭祀跡「方形柱穴列」が発見された集落遺跡「十二ノ后遺跡（じゅうにのきいせき）」(35)が出ています。

高速道路が通ってしまっていますが、あのあたりに柱が立っていたのか……と想像し、ついでにこの山麓一帯に竪穴住居があり、大集落を成している。諏訪湖ももっと近くまで水面が来ていたはず……と想像を膨らましてみます。背後に豊かな山、目の前には豊かな諏訪湖。山の幸・湖（うみ）の幸に恵まれた最高のロケーションです。

また現在は水道の水源になっていて、蓋をして管理しているため見ることはできませんが、西山一帯は地域ごとに湧水があるそうです。つまり、食べ物にも水にも恵まれた場所がこの〝有賀〜真志野〟というわけです。時代を超えて人が住み続けたのは、納得です。

遺跡だらけで、諏訪大社と関係の深い神社も多く鎮座しているのが、有賀と真志野地区です。それはやはり偶然ではないと思います。縄文時代からずっと、人間にとって住みやすく、心地よい場所だったからでしょう。

(35) 有賀峠の直下で往来の要となる地点にあり、縄文前期を主として、早期以降長い期間にわたって、集落が営まれた。

蓼宮(たでのみや)神社

諏訪市

出雲と洩矢をつなぐ姫神

縄文中期の住居跡が多く発見された本城(ほんじょう)遺跡がある西山公園と、道を挟んだ斜面の方に広がる大安寺(だいあんじ)遺跡(36)の間を下りると、小づくりながら格調高い社殿が現れます。

御祭神は建御名方神の御子神・出早雄命(いずはやおのみこと)と、洩矢神の娘・多満留姫(たまるひめ)との間の御子、草奈井比売命(くさないひめのみこと)です。詳細不明ですがクサナイは「草なぎ」にも聞こえ、野焼きに関わる名前ではないかと想像します。

習焼(ならやき)神社

諏訪市

南真志野の野焼きの神

境内周辺は馬場通り遺跡と言い、中期の遺物が確認されています。御祭神は建御名方神の御子神・洲羽若彦命(すわのわかひこのみこと)で、のちに遠州に移住しました。妃神は祭政の中心だったため同行できなかったと伝わり、真志野を統治する女神の存在を感じます。神事は御頭祭の7日後に行なわれ、野を焼き、流鏑馬(やぶさめ)を行います。古来「野明明神(のあきみょうじん)」と呼ばれたそうで、ソソウ神が出現するという「のやきの原」を連想させます。

心が落ち着く

(36) 縄文早期以降の複合遺跡。特に早期と後期の遺物が多く、後期初頭の大安寺式土器標識資料の出土地として有名。

北方御社宮司社

諏訪市

北大熊地区を守護するミシャグジのお社

習焼神社から坂道を5分ほど登って、少し標高を上げて歩きます。これくらいが千鹿頭神社と同じ諏訪の〝縄文ロケーション〟の高さで、このラインに遺跡がたくさん見つかっています。今はもう住宅地や畑で、遺跡の看板があるわけではありませんが、縄文スワの皆さんを想像しつつ進んでいきましょう。住宅地を南へと進み、善光寺にお参りして歩いていくと、福松砥沢遺跡(37)など多くの遺跡の上を進んでいくことになります。

少し下って川を渡ると、北大熊地区の氏神・北方御社宮司社に到着します。残念ながら境内に遺跡は確認できませんでしたが、周辺の状況からして、こちらも縄文ロケーションに属している……と考えたいと思います。背後には中央自動車道が迫り、その急斜面にくっつくようにして本殿が建っています。こちらの御祭神はミシャグジ。お社はこんもりとした社叢に覆われ、ふかふかの下草が緑の絨毯のように広がっています。その深くて温かい雰囲気は、有賀の千鹿頭神社ととてもよく似ています。

(37) 中期を中心とした複合遺跡でかなり大きな集落だったと考えられている。

南方御社宮司社（みなかたみしゃぐじしゃ）

諏訪市

新しいお社と目の前に広がる絶景

北方御社宮司社からさらに南東へ。ゆるやかな道の右手に高台があり、城山（しろやま）遺跡と呼ばれる複合遺跡が出ています。そして城跡の左側一帯が、荒神山（あらかみやま）遺跡です。荒神山遺跡は西山地区で最大級の大集落遺跡で、数多くの素晴らしい土器や土偶が出土しています。今はのどかな畑ですが、この場所に大集落があった――そんなことを妄想しつつ、改めて諏訪湖と八ヶ岳を眺めてみます。晴れやかで明るい、最高の眺望です。

田井沢川を越えると、南大熊の氏神、南方御社宮司社へ到着。境内は三月畑（さんがつばた）遺跡の上に鎮座します。高速道路が通るために、少し標高が高い位置から現在の場所に遷座したとのことで建物は新しいものの、端正な雰囲気でなんとも落ち着きます。

初めてお参りした時は夕暮れ時で、立派な御柱の向こうに、八ヶ岳の山頂がオレンジ色に輝いていました(38)。北方と南方は標高も変わらず、歩いて10分程度ですが、諏訪湖と八ヶ岳の美しさに何度も立ち止まってしまうのです。

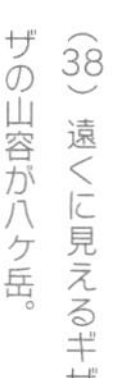

(38) 遠くに見えるギザギザの山容が八ヶ岳。

津嶋神社

岡谷市

天竜川の交易拠点・岡谷を象徴する聖地

諏訪湖にはたくさんの川が流入していますが、流出する川は天竜川一つだけ。天竜川は諏訪湖を発して伊那谷を抜け、静岡県浜松市の遠州灘にそそぐ大河です。そのため縄文時代から、東海や近畿地方との交易路としても栄えました。

諏訪湖から天竜川に落ちる釜口水門から約３００メートル離れた位置に、有名な大集落遺跡・海戸遺跡(39)があり、その東端に津嶋神社が鎮座しています。津島社は愛知県に鎮座する津島神社(40)が本社なので、天竜川を通じた交易路が関係しているのかもしれません。海戸遺跡では東海・近畿系の土器も出土しており、この地が、天竜川を遡上してくる外来文化のターミナル的役割の集落だったことがわかります。

住宅街の中に佇むお社は、小さな境内ながら御柱が四隅に建ち、立派な本殿を中心に多くの祠が鎮座しています。その濃厚な光景は、諏訪湖と天竜川の発着地点として栄えてきた岡谷の歴史エッセンスが、ギュギュッと詰まっていると感じます。

濃密な空気

(39) 早期から各時代の住居跡が出土。主となる中期の集落は直径約１００ｍの環状、または馬蹄型とみられ、中心には墓址や埋甕などの遺構も出土した。遺物も実に豊富で、中でも顔面把手付土器はあまりにも有名(27ページ掲載)。

(40) 津島市に鎮座する。主祭神は建速須佐之男命。明治以前は津島牛頭天王社と呼ばれた。津島とは対馬と同語で、対馬に拠点を築いていた海人族・安曇族と深い関係があることを示している。

洩矢（もりや）神社

岡谷市

建御名方神と洩矢神が激突した地

重要な交易ルートだった天竜川の河岸段丘上には、たくさんの縄文遺跡が見つかっています。洩矢神社が鎮座しているのもそんな段丘の上です。かつては200メートルほど南東にあったそうですが、中央自動車道の造成に伴い現在地に遷座したとのこと。旧社地は経塚遺跡(41)の上で、現在地も洩矢遺跡(42)の上に鎮座しています。

釜口水門から中央自動車道の下を抜け、静かな市道を歩いていくと、こんもりとした社叢が現れます。広い境内には樹々がまっすぐとのびて、境内の陰翳を深くしています。静かで凛とした空気に、心が鎮まっていくのを感じます。

このあたりは、諏訪にやってきた建御名方神と洩矢神が激突した場所です。結果は建御名方神が勝ち、洩矢神は軍門に降（くだ）りましたが、土地の人が洩矢神を称えて、陣を張ったとされる場所に洩矢神を祀ったのが、洩矢神社の始まりだそうです。しかし今ではそんな戦いの謂（いわ）れとは程遠い、森々（しんしん）と穏やかな場所です。

安心する

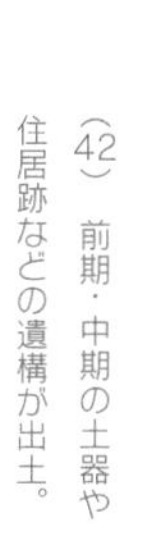

(41) 前期から中期の土器や石鏃、磨石斧などが出土。

(42) 前期・中期の土器や住居跡などの遺構が出土。

小野神社・矢彦神社

塩尻市・上伊那郡辰野町

太古からの聖地「憑の森」

小野神社と矢彦神社は、一つの森の中に並んで鎮座するという、ちょっと不思議なお社です。西側には御神体山として信仰されている霧訪山がそびえ、川島川が形成した扇状地の扇端部に位置します。

この森は「憑の森」(43)と呼ばれ、古くから都にも知られる有名な聖地でした。経緯はさだかでないのですが、その聖地に大きなお社が二つ創建され信仰されたのです。中世には「小野南北大明神」と呼ばれ、信濃国二宮として崇敬されてきました(44)。

両社ともに、諏訪大社でおなじみの建御名方命(神)が祀られており、立派な御柱が立てられています。建御名方命が諏訪入りしようとした時に、洩矢神・武居神がいるため入国できず、しばらくこの地を統治したことが祭祀の始まりと伝わり、諏訪大

▲小野神社

▲矢彦神社

体が軽くなる!

(43) 憑の読み方は、「たのも」とする説がある。

(44) 1591年に松本藩と飯田藩の領地争いで二分されて、北は筑摩郡(北)小野村、南は伊那郡(南)小野村となり、現在も小野神社は塩尻市、矢彦神社は辰野町の飛び地となっている。

境内図

霧訪山
憑の森
現在の面積は約3万6000平方メー
針葉樹と広葉樹の混交林で
樹種150種以上という。
長野県指定天然記念物に指定されて
本殿域
前列に正殿、副殿、
南殿、北殿、後列に
明治宮など。
三乃御柱
四乃御柱
三乃御柱
本殿
7年に1度遷座される
四乃御柱
八幡宮
拝殿
池生社
藤池
御手洗池
（矢彦澤）
二乃御柱
一乃御柱
御手洗
勅使殿
拝殿
一乃御柱
二乃御柱
資料館
矢彦神社（辰野町）
小野神社（塩尻市）
神鉾社（おぼこ様）
JR中央本線

社の御柱祭の翌年に、それぞれ御柱祭も行われます。

諏訪大社と同じ神様を奉じて、ほぼ同じ祭祀の伝統を伝える二宮。それだけでも、「縄文神社」?と連想してしまったのですが、その想像は正解でした。「憑の森」が位置する霧訪山の東麓には、縄文遺跡が多数確認されており、「憑の森」(両神社の境内周辺)からも、縄文中期の遺物が採集されていると記録されていたのです。

霧訪山と霊石「おぼこ様」

ところで「憑の森」は、なぜ聖地とされたのでしょうか。

縄文遺跡が境内や周辺に確認されていることを踏まえれば、神社という形式をとる前から、この地に「祈り」があったことが想像されます。

小野神社資料館館長で元氏子総代の宮﨑敏孝さんは、霧訪山への信仰が関係しているのではないかと推測されていました。霧訪山の山頂から見ると、冬至の日の出の方向線上に、「憑の森」が位置していることから、霊山と太陽の運行が交差する地点に位置する聖地だろう、とおっしゃるのです。宮﨑さんのご案内で、両神社の境界のラインから西方を見てみました。すると森の梢の向こうに霧訪山の山頂が遠望できます。

そしてここで重要なのは、このラインのすぐ側に位置する湧水池「藤池(ふじいけ)」と「神鉾(おぼこ)社」です。藤池の手前の玉垣の中に、通称「おぼこ様」と呼ばれる霊石があり、「神鉾社」と呼びます。かつては「鐸鉾（さなぎほこ）」をこの石に立てて、神霊を降ろしたと伝わります。鐸鉾は、「鉄鐸」を鉾に結び付けたものです。鉄鐸は、諏訪大社の神事にも登場するミシャグジの神器ですから、降りてくる神霊とは、ミシャグジのことでしょう。またおぼこ様に立てたのは、石棒だったとも考えられているそうで、今井野菊さんが言う「ミシャグジ」祭祀(45)のスタイルを連想させます。ますます「縄文神社」濃度が高まる気がして、思わず身震いしてしまいました。

不思議な石棒「石槌（いしづち）」とヒスイの大珠

さらに、小野神社資料館には「鐸鉾」に加えて、立派な石棒が2点も展示されていました。一つは単頭の大きな石棒で、もう一つはかなり個性的な形です。「石槌」(46)と名付けられており、横腹に四角い窪みがあります。境内で出土したものかは不明ですが、資料館の図録（『信濃国二之宮　小野神社誌』）に「往古より伝来せり」と書かれています。少なくとも江戸時代には神宝として伝承されたものでしょう。

他にも、縄文中期以降の石斧、ヒスイの大珠と唐草文様土器（荒神畑遺跡出土）なども展示されています。荒神畑遺跡は、小野神社・矢彦神社の南側に確認された大規模な遺跡です。こんなに大きくて美しいヒスイの大珠を所持できるというのは、この地域の拠点的集落であったことを意味しています。

(45) 西へ約600mほどいった山裾に、社宮司遺跡から出土した石棒を祀る「御社宮司社」（通称「耳塚様」）がある。

(46) 石槌

私は縄文遺物の数々を思い浮かべつつ、再び神鉾社に拝礼しました。こうしてみていくと「憑の森」の祈りは、縄文時代にまで遡ると考えるのが自然に思えます。

豊富な水量を誇る根源の池「矢彦澤」

続いて、小野神社の正面の鳥居から一度外に出て、再び矢彦神社の鳥居から境内へと入ります。鳥居は2か所あり、南側の鳥居（南門）の傍らには、勢いよく水が流れる御手洗（おみたらし）と、左の石垣から、美しい水が噴き出るように流れ落ちています。その水量に驚きつつも丁寧に清めてから、再び正面へと戻り、境内に入ります。

ふと視線を上げると、神楽殿の両脇には立派な御柱がそびえ立っています。そういえば、小野神社の御柱は、黒木（樹皮がそのまま）でアカマツでしたが、矢彦神社は白木（しらき）（樹皮を剝（は）いだもの）でモミの木だそうです。不思議なもので、社殿の雰囲気に加えて、御柱の様子が違うことで、全体の印象が違ってくるような気がします。

そして矢彦神社の南側は少し窪んでいて、大きな御手洗池があります。先ほど御手洗の脇に噴き出ていたのは、この池の水だったのです。御手洗池も湧水だそうですが、小野神社にも藤池のほかに、2か所の湧水ポイントがありました。「憑の森」は、湧水が何か所も存在するという、特別な場所なのです。

この御手洗池は、かつて「矢彦澤」と呼ばれていたそうです。社名の「矢彦」について宮司様にうかがうと、越後国一宮の彌彦神社の御祭神（天香語山命）と妃神（熟穂屋姫命）もお祀りしているため、関わりもあると伝わりますが、この矢彦澤の地形――「谷」が由来だとする説もあるんですよ、と教えてくださいました。確かにこの湧水池を中心とした地形は「谷」であり、水への祭祀を行うにふさわしい場所です。

ミシャグジ的世界と湧水への祭祀

お話をうかがっていると、縄文時代の「憑の森」の様子が、ふと脳裏に浮かびました。縄文タノメの人々は、霊山が最も美しく見え、豊かな湧水がいくつもあるこの地を聖域とし、樹々を切ったりせず大切に保全した。そして、縄文時代の時期によって位置は変わりながらも、森の側で霧訪山が見える場所に、集落を営んだ……。

そんなふうに想像を巡らせながら、改めて「憑の森」を眺めてみます。すると、「神鉾社と藤池、藤池の小島の石祠、そして霧訪山へのライン」に、縄文的・ミシャグジ的祭祀を感じますし、矢彦澤周辺には、根源的な湧水への祭祀の気配を感じます。そしてその両方に、この地が聖地とされた理由があると思いました。

そして小野・矢彦両神社に、そのような太古の祈りの記憶が、様々な形で継承されているのです。実に個性的で根源的。現代においても、その個性的な特別さは変わりません。そしてこれからも、特別な聖地としてつながっていくことでしょう。

池生神社

諏訪郡富士見町

富士眉月弧文化圏の中心地「井戸尻遺跡群」

〝縄文神社〟を探す旅を始めて間もなく、「顔面把手付土器」にすっかり魅せられてしまいました。顔面把手付土器は、関東では縄文中期を代表する勝坂式土器に見られ、山梨や長野からも同時期に同じようなスタイルの「井戸尻式土器」が出土しています。同じ文化を共有するこれらの地域を「富士眉月弧文化圏」と呼んだり、中部山岳地帯の文化を、「井戸尻文化」(47)と呼んだりします。

井戸尻文化の中心地である「井戸尻遺跡群」は八ヶ岳西南麓に位置し、諏訪と山梨の中間にあります。さすが中心地とされるだけあって、素晴らしい遺物が数多く発見されており、井戸尻考古館で見ることができます。この井戸尻考古館の建っている場所には曽利遺跡が、南東方向には井戸尻遺跡があります。そして、この地域は池袋といいますが、集落中央には池袋遺跡が、集落の鎮守さんである池生神社の周辺には、池生遺跡があるのです(48)。

陽の気に満たされる

(47) 考古学者の戸沢充則氏は、関東の海辺周辺で貝塚が多く形成された前期～後期を「貝塚文化」、それに対して、雑穀農耕や木の実に頼って発展した中部山岳地方の文化を一つのまとまった特色のあるものとして、「井戸尻文化」と呼ぶことを提唱した。

境内と周辺図

井戸尻遺跡群

この一帯には、井戸尻遺跡・曽利遺跡・藤内遺跡・九兵衛尾根遺跡・居平遺跡・唐渡宮遺跡などの集落遺跡が分布し、井戸尻遺跡群と総称する。縄文中期中葉を中心とした井戸尻遺跡は、井戸尻考古館のある台地の東下方向に広く広がり、曽利遺跡は井戸尻考古館周辺に位置している。

眼に入るものすべてが美しい場所

井戸尻考古館に到着すると、思わず声を上げました。足下の斜面には一帯に緑の芝生と復元住居、その先には棚田が日光を反射して、鏡のように輝いています。南正面の山々の先には富士山が、右手には甲斐駒ヶ岳（かいこまがたけ）の山容がうかがえました。

私は興奮して復元住居のある史跡公園へ向かいます。太陽が燦々（さんさん）と降り注ぎ、周辺には清流がトクトクと大地を潤しています。豊かな水を利用して、水田だけでなく蓮田もみえます。こういう光景を「桃源郷（とうげんきょう）」というのではないでしょうか。

池生神社までは、集落内を歩けば10分くらいで到着できますが、私はあえて少し遠回りをし、清流を追いかけて沢のあたりから登っていくことにしました。このコースが正解でした。朝日にきらめく水流、青さが光る草むら。けっこうな急坂を登って息切れしつつも、元気が湧き上がってきます。

集落に入って右手の方に石鳥居が見えました(49)。畑の中にのびる緑の道……。灰色の石鳥居には地衣類（ちいるい）がへばりついて、苔むしたようになっています。その先に小高い台地が見え、台地の森に古社があることが想像されました。この参道付近はかつて池（湿地）だったそうですが、その光景を見てみたかった。おそらくは湧水が滲み出る場所だったのでしょう。それこそまさしく「池生」です。

(48) 池袋遺跡は縄文、中世以降の複合遺跡で、縄文土器の破片は出土したが、遺構は確認されず。池生遺跡は正式な調査はされていないが、縄文、平安以降の複合遺跡と考えられ、縄文時代の石器が発見された。

(49) 池生神社の鳥居。

この一帯にある池生遺跡には、居住地は想定されないのですが、縄文時代の石器が発見されているそうです。ひょっとしたら縄文時代にも聖域だったのかもしれません。実際、この周辺から雰囲気が変わるのです。私は思わず背筋をただしました。

池生神社の御祭神は、建御名方神の御子神である池生命(いけのおのみこと)で、四方に立派な御柱が建てられています。急な石段を上ってお参りをすると、優しい風がふっと頭をなでてくれた気がしました。神様に歓迎していただいた気がして、ますますいい気持ちになった私は、鼻歌交じりに、行きとは違うルートで井戸尻考古館へ向かいます。

住宅街を歩いていると、どのお宅も、復元住居と同じ方角を正面にしていることに気づきました。もちろん縄文時代と同じにしようと思って建てたわけではありません。しかしこの地に暮らすのであれば、富士山と甲斐駒が見え、太陽を仰ぎみる方角を正面にしたくなります。縄文の人々と私たちの間には長い時の隔たりがありますが、結果として同じように暮らしてしまう。やっぱり〝生きもの〟である人間として、それが一番しっくりくるし、気持ちがいいということでしょう。

考古館に展示されている縄文土器を見ると、圧倒的な美に感動します。人の手で造られたことが信じられない神々しさで、神そのもののよう。私はそう感じて身動きもできず、ただ見つめました。縄文の人々も同じように圧倒され、感動したのではないでしょうか。荘厳な存在に心打たれる感性もまた、変わらないのです。

駒ヶ岳神社〔横手・竹宇〕

北杜市

花崗岩の名峰・甲斐駒ヶ岳

井戸尻考古館から見た甲斐駒ヶ岳は、山にうとい私でも、「あのきれいな山は甲斐駒？」と気づくほどに、その威容が際立っていました。標高は2967メートルあり、山麓から2500メートルほど一気に立ち上がる花崗岩の単独峰です。

井戸尻からはもちろん、山梨県の北杜市周辺に入ればまず目に入る名峰ですが、開山(50)された時期は江戸時代後半（1816年）になってからで、修験道の延命行者によるものです。しかしこれだけの美峰。記録に残っていないだけで、それ以前にも登った人はいたのではないかと思います。実際、山頂からは縄文土器が発見されており、縄文の人々が登頂していたことがわかっています。山頂には土器の破片や石鏃、石斧などが発見されるということは、山麓には、祭祀場

▲竹宇

▲横手

晴ればれとする

（50）1721年の真言僧・宥快による信州有明山開山、1828年の浄土宗の念仏僧・播隆による槍ヶ岳開山など、江戸時代半ばから後半にかけて、全国で山岳開山がしきりに行われ、一種の流行となった。

駒ヶ岳神社と周辺図

（顔面把手付土器：北杜市教育委員会 提供）

駒ヶ岳神社の神仏

駒ケ岳山頂は駒嶽大権現（大己貴大神）・駒室大神、摩利支天峰には摩利支天（手力男命）、西峰には天照大神・馬頭観音菩薩、烏帽子岳には薬師大神と大頭羅白神、黒戸山には刀利天と大日大神とされ、信仰されていた。

境内の石碑に見かける「刀利大権現」は少彦名大神、「刀利天狗」は猿田彦大神、「威力大聖不動明王」は江戸時代の修験者で駒ケ岳を開山した小尾権三郎（延命行者）のこと。また、功績のあった行者を霊神として祀る霊神碑が建ち並ぶ。

を伴う集落遺跡が発見されているはずです。ウキウキしながら確認してみると、山麓を流れる釜無川右岸の段丘上や支流の扇状地に、縄文前期以降の遺跡が、数多く発見されていました。「やっぱり」と深く頷きます。

縄文文化と修験道の関係

駒ヶ岳神社は、本宮が山頂にあり、前宮（里宮）が横手地区と竹宇地区の2か所にあります。駒ヶ岳への信仰は、江戸時代以降は修験道の修行場として発展し、横手地区にあった本良院という当山派修験[51]の寺院を中心に登拝が行われていたようです。横手も竹宇も登山口に鎮座しており、かつては里と山の境界の意味もあったでしょう。

竹宇地区も横手地区も集落跡が出土していますが、神社の境内から縄文の遺物が確認されているのは横手駒ヶ岳神社で、祈禱殿のあたりから縄文土器（中期）が出土しています。まずは縄文土器が出土している横手のほうからお参りしてみましょう。横手地区には、駒ヶ岳の前山である黒戸山（2254メートル）から三本の尾根がのびていて、その延長上に三つの遺跡群[52]が出ています。時期によって増減はありますが、ずっと人が住み続けていた地域です。

横手の集落を抜け、ゆるやかな山道を登っていくと、駒ヶ岳への登山口があり、鳥居の前に立つと修験道の気配が強く漂いました。本殿の裏手の斜面には、駒ヶ岳の峰々に

(51) 真言系の修験道。聖宝（832～909）を派祖とし、醍醐寺三宝院を本山とする。聖護院を本山とする天台系の本山派と修験道界を二分した。

(52) 「北の遺跡群」は、宮沢遺跡（縄文中～後期の集落跡）、本村耕地Ⅰ・Ⅱ遺跡（縄文前期・平安・中世）など。「中の遺跡群」には、最西に駒ケ岳境内遺跡（縄文中期、平安）、上北田遺跡・新居道上遺跡（前期、平安時代、中世の集落跡）など。「南の遺跡群」は中原遺跡（中期、平安期、中世）がある。

坐すとされる神仏がそれぞれ祀られており、周辺にはおびただしい数の石碑が建ち並びます。これらは、駒ヶ岳を信仰する人々の霊を祀るもので「霊神碑」と呼ぶようです。

本殿にお参りしてから左の階段を上がり、一つ一つお堂の前に立つと、それぞれの真言(しんごん)(53)が書かれていました。つっかえながらも声に出してお唱えします。225ページにあるように、駒ヶ岳の峰々にはそれぞれ神仏が鎮座していると考えられています。実際に登拝できなくとも、こちらに参拝すれば、ご挨拶したことになるのでしょう。

修験道では真言を唱えたり、不動明王(ふどうみょうおう)(54)に護摩供(ごまく)(55)をしたりと、密教的な要素が強いですが、行者さんの格好や仕来(しきた)りには、山岳狩猟文化的要素が多くみられるそうです。

やはり修験道とは、縄文以来の山岳信仰をベースに仏教(密教)や道教が習合して、時代に適応しながら成立したものでしょう。そう考えると、修験道の奥底に縄文の人々の姿を想像するのは、間違っていないように思います。

縄文ヨコテの人々と駒ヶ岳

縄文ヨコテの人々にとって、この地はどんな場所だったのでしょう。祈禱殿改修時に大型の縄文土器が出土したことから、『白州町誌』に「この社地に縄文時代より人間が住み、且つこの地が、駒ヶ嶽遥拝所であったとする推察も成り立つのである」と

(53) 仏教用語で、仏の「真実の言葉」を意味する。陀羅尼、明呪ともいう。長いものを陀羅尼、短いものを真言、一字・二字を種子ともいう。

(54) 五大明王の主尊で、大日如来が憤怒の相をあらわした姿。行者の守護者。

(55) 護摩(供物を火に投げ入れて祈願する)を行って諸尊を供養すること。

ありました。本殿の右手に見える祈禱殿のあたりに立って眺めてみます。視界が社叢の樹々に覆われて、駒ヶ岳の山容は残念ながら見えませんでした。横手の集落からなら見えるでしょうか。もう少し山から離れた地点がいいかもしれません。

縄文時代の山岳信仰にも遥拝と登拝とがありましたが、２０００メートルを超える高山の山頂ともなると危険を伴いますので、神事を執り行うような、限られた人が登拝したでしょう。ひょっとしたらこの場所まではムラの全員でやってきて、ともにお祀りし、登拝者の無事を祈ったかもしれません。出土した土器と同じくらいの時期に集落があった地点から測ってみると1・5キロメートルほどの距離です。今の駒ヶ岳神社と集落の距離感と変わらないのが、面白いと思いました。

尾白川で駒ヶ岳の白を感じる

続いて竹宇地区に鎮座する駒ヶ岳神社（甲斐駒ヶ嶽神社）にも参拝しましょう。竹宇で出土した集落遺跡からは、とても有名な顔面把手付土器や釣手土器、土偶などが出土しており、この地区に強い文化力を持つ集落があったことを伝えています。

集落から駒ヶ岳の山麓をグングン登っていくと、尾白川渓谷の駐車場が現れます。すぐ近くにキャンプ場もあるようで、楽しそうな笑い声が聞こえます。

境内は横手と同じく修験道らしいお宮や石碑が建ち並び、よく整備されています。

本殿の奥には小さな滝があり、龍神をお祀りしていました。今も多くの人々の信仰を集めていることがわかります。竹宇駒ヶ岳神社の詳細は不明ですが、『白州町誌』には「同所に設けられた神道御嶽教、駒ヶ嶽大教会所などが、便宜的に近い過去において山神を勧請『前宮』であったことを想像させるのである」と書かれています。

そういう意味からは、〝縄文神社〞の観点からは少々外れてしまいますが、それでもぜひお勧めしたい理由があります。それは境内があまりにも気持ちがいいということはもちろんなのですが、加えて、境内のすぐ左手に吊り橋があり、駒ヶ岳に発する尾白川の清流と駒ヶ岳を形成している花崗岩(56)を、眼下に見ることができるからなのです。

尾白川には、花崗岩の大岩がゴロゴロと転がっています。美しい淵(ふち)や滝があり、渓谷沿いに約3時間で歩ける遊歩道も整備されていて、山麓を十分に味わえます。

駒ヶ岳の山頂は花崗岩なので、夏に見ても白く輝いて見えます。縄文からずっと人々が特別視し崇拝してきたのは、山容の美しさに加えてこの〝白〞が際立っていたからでしょう。その山頂の白を、下界でも味わえる場所なのです。

本当は山頂まで登るのがベストですが、私の体力ではなかなか難しそうです。体力をつけて、いつかチャレンジしたいと思っています。

(56) マグマが深い地面の底でゆっくり冷え固まったもの。多くは白色や淡紅色で、黒雲母や白雲母などを含む。硬く美しい石で石材として用いられる。御影石ともいう。

津金諏訪神社

北杜市

憧れの顔面把手付深鉢と津金遺跡群

27ページでもご紹介した「顔面把手付土器」の中には、胴の部分にも顔がつけられている非常に印象的な土器があります。これは出産シーンを表しているとされ、「出産文土器」とも呼ばれます。竹宇の顔面把手付土器も出産文土器と言われますが、特に有名なのは、プロローグでご紹介した、北杜市須玉町の津金御所前遺跡(57)から出土した顔面把手付深鉢です。

正面から見て縁の顔と同一線上の胴部に一体、それから裏側に一体、いかにも縄文中期らしい吊り目の顔がにょきっとのぞいています。この顔を胎児と思うかどうかは人それぞれかと思いますが、いずれにしても生命の豊かさ、美しさ、強靭さを表していると思います。この土器を前にすると、力強く明るい気持ちに満たされます。

私はこの素晴らしい土器が見つかった場所に立ってみたいと思いました。そこで津金御所前遺跡の報告書を見ながら位置を確認していたところ、周辺は津金遺跡群と呼

(57) 早期と中期初頭から後葉にかけての住居跡8軒が出土。出産文深鉢以外にも水煙形大把手付深鉢と縁に二つの人面を配した深鉢など、石斧や石鏃のほか、丸石も一つだけ出土している。

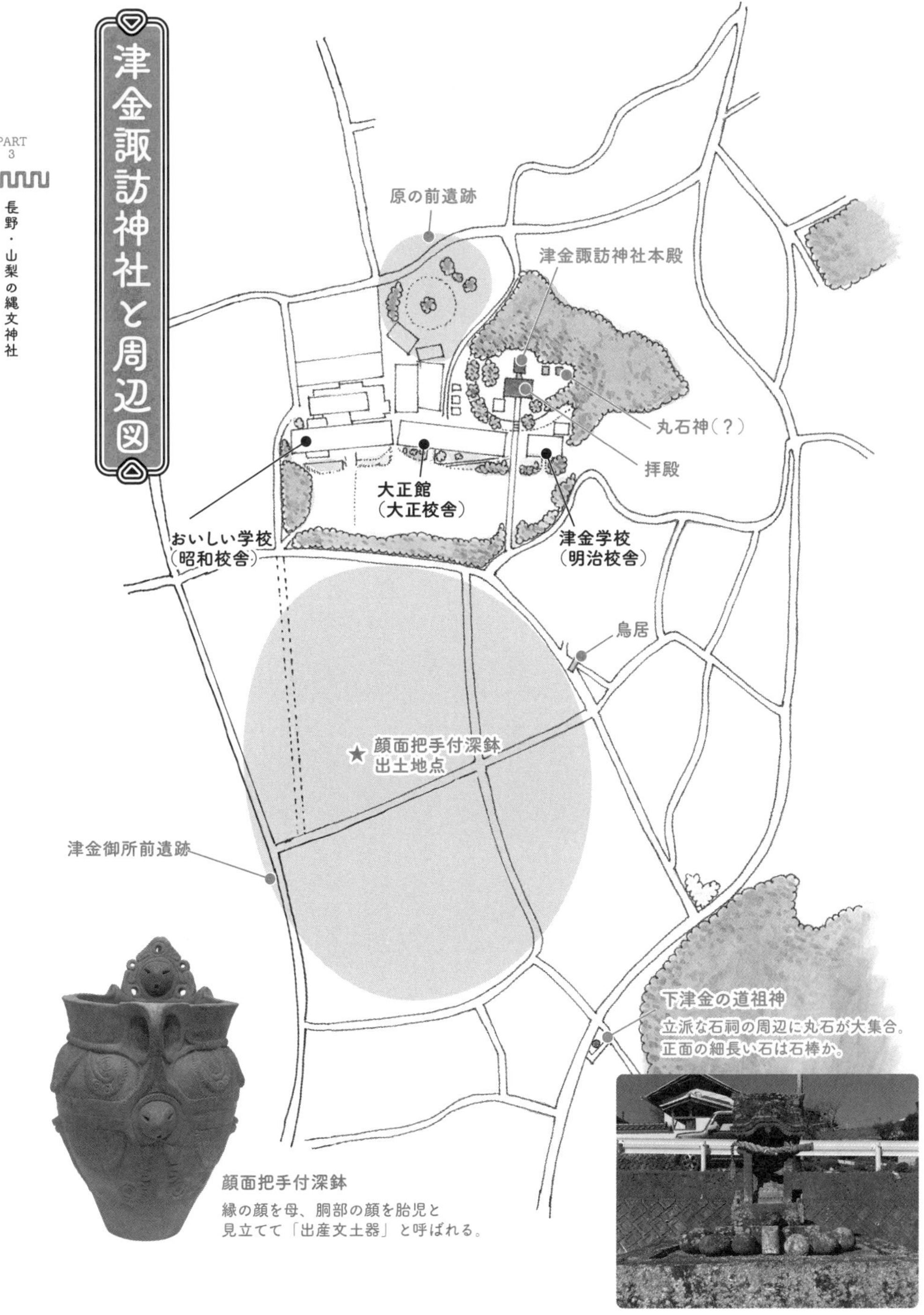
津金諏訪神社と周辺図
原の前遺跡
津金諏訪神社本殿
丸石神（？）
拝殿
大正館
（大正校舎）
おいしい学校
（昭和校舎）
津金学校
（明治校舎）
鳥居
★ 顔面把手付深鉢
出土地点
津金御所前遺跡
下津金の道祖神
立派な石祠の周辺に丸石が大集合。
正面の細長い石は石棒か。
顔面把手付深鉢
縁の顔を母、胴部の顔を胎児と
見立てて「出産文土器」と呼ばれる。

ばれる遺跡の密集地であり、諏訪神社が鎮座していることを知りました。それが本項でご紹介する津金諏訪神社です。

歴史好きの天国・津金学校

津金御所前遺跡と津金諏訪神社のある下津金集落は、八ヶ岳山麓の東を流れる須玉川と波竜川に挟まれた相の原台地上に位置しています。相の原台地は須玉川との標高差が70〜100メートルもあって西側が深い谷になっており、北と東側は山に接していて、周辺とは独立した地域になっています。

そして津金御所前遺跡周辺は、歴史好きにはたまらない場所です。縄文と平安時代の集落が出土し、戦国時代には武田家に仕えた津金衆の長・津金氏の居城、古宮城もありました。そして「津金学校」があり、現在も明治・大正・昭和の校舎がそのまま保存され、「三代校舎ふれあいの里」として公開されているのです。

横長の校舎が3棟並び建つ様子は圧巻です。深鉢が出土した御所前遺跡は、校庭の前面に広がる畑に位置し、231ページの★地点の住居跡から、出土したようです。日当たりも風通りもよく、居心地のいい場所です。学校の前の道から眺めると畑が広がっていますが、水源はどこだろう、とふと思います。下津金には、縄文前期から後期にかけて継続的に人の暮らしがありました。そうなると水源があったはず……。

西側に須玉川が流れていますが、標高差が100メートルほどもあり、深い谷になっています。水場としてはかなり遠く感じますが、縄文時代にはこれほど深くはなかったはずなので、この水を利用したかもしれません。また少し北に行けば「津金の棚田」があるので、山裾から湧水があるのでしょう。

御柱のない諏訪神社

津金学校（明治校舎）と、大正館の奥に急な石段があり、登りきったところに諏訪神社があります(58)。私はふと、おや?と思いました。御柱がないのです。諏訪盆地はもちろんですが、松本や塩尻、富士見町の神社には御柱がありました。しかし諏訪大社と関わりのない神社では御柱がない場合もあったので、駒ヶ岳神社にお参りした際に御柱がなくても、諏訪の神様を祀っていないからかな?と思っていたのです。でもそういうことではなく、甲州では、神祀りに御柱は建てないということなのでしょうか。近接する埼玉や群馬の諏訪神社でも御柱は見たことがありませんから、文化的には関東と近いような気がします。

お社の由来は不詳ですが、古宮城内の鎮守さんだったようです。のびやかな赤茶の屋根の拝殿は広く戸が開けられていて、殿内の様子がよく見えます。拝殿でお参りしてから、左手にまわってみます。このあたりから西方に原の前(はらのまえ)(59)遺跡があって、前

（58）正面奥に見えるのが諏訪神社。

（59）前期から中期にかけての住居跡が20軒と土壙などの遺構が確認された。

期から中期の集落が確認されており、西に向かって広がっていると考えられます。時代ごとに集落の位置は動いていたのかもしれませんが、この周辺には人の暮らしがあり続けたのでしょう。

甲州の縄文神〝丸石神(まるいしがみ)〟登場

本殿の右手を見ると再び、おや?と思いました。小さな石祠の前に丸石がたくさん積まれているのです。これは、ひょっとして「丸石神」では!?と、思わず興奮してしまいました。楕円形なのがちょっと気になりますが、このような石を積むスタイルは、長野では見かけませんでしたし、おそらくこれは丸石神でしょう。

甲州では、道祖神として丸石を祀る風習があります。これを郷土史家の中沢厚(なかざわあつし)(60)さんらは「丸石神」と名付け、縄文まで遡る信仰形態と考えました。

確かに、北杜市にある祭祀遺跡で有名な金生(きんせい)遺跡をはじめ、甲州の遺跡からは石棒に加えて丸石が数多く出土(61)しています。長野やほかの地域の縄文遺跡でも丸石が出る例はありますが、こんなにたくさん丸石が出て、しかもその丸石を祀る風習が今も残る場所は、全国で見ても多くありません。

私はこの津金諏訪神社で、信州諏訪信仰圏と甲州信仰圏のクロスオーバーを見た気がしました。諏訪の神様ですが、お祀りの方法は甲州の流儀で……。関東の人間から

(60) 民俗学者。石仏・石神研究などで知られる。宗教史学者の中沢新一氏の父。著書に『山梨県の道祖神』『石にやどるもの』などがある。

(61) 山梨では前期前半以降出土し、中期後半から晩期に多く見られる。長野県の遺跡では縄文前期後半から出土し、中期後半に最も多くなる。

境内の石祠と丸石

見ると、隣り合っているのにこんなにも違うものかと不思議でなりませんが、甲州も信州に負けない強い文化を持っているということだなあと、頷きました。

あの出産文土器と呼ばれる深鉢が出土した地に鎮座する津金諏訪神社で、丸石神を思い出したのは偶然ではない気がしてきました。胴部から顔をのぞかせた神（精霊）と、丸石神のイメージが重なります。丸石は卵にも見えますし、球体は完全な形を意味し、神の象徴ともなりえます。

丸石がどのような意味で祀られたのか、実のところよくわかっていません。しかし信州諏訪の御柱、そして甲州の丸石神。この二つは縄文からつながる信仰の象徴だと私は考えています。甲州も信州と同じように、現代の生活の中に縄文が顔をのぞかせている場所なのです。

COLUMN

甲州の丸石神

丸石は自然石？

山梨県を歩いていると、丸石が祀られている光景によく出会います。一番多いのは道祖神として街角にあり、ほかには津金諏訪神社のように境内の片隅に祀られているケースです。また屋敷神としても各家で祀られているそうで、土地の人は道祖神さん、丸石、おぼこ石などと呼び、固有名詞はないと言います。

縄文遺跡で発見される丸石は、河原などで特に優れた形の自然石を選んだとも考えられていますが、敲打（こうだ）や研磨の跡があるものもみられるそうです。つまり、丸い形に神聖な意味があったということでしょう。

また、自然界にも「団塊（ノジュール）」と呼ばれる岩石があります。化石や砂粒などを核として形成され、球体になったものですが、丸々とした姿は実に神秘的です。例えば、静岡県牧之原市には「子生まれ石」と呼ばれる現象があります。川の傍らの地層から丸石が露頭し、徐々に転げ落ちるというものなのですが、このような神秘的な光景を目の前にしたら、「大地

▲道祖神（南アルプス市）
十字路に鎮座する小さな丸石神の集合体。

▲姥神遺跡出土（北杜市）の丸石

▲窪八幡神社・鳥居近くの道祖神（山梨市）
窪八幡は山梨県最古の八幡社。

◀七日市場の道祖神（山梨市）

の女神が産み落とした御子神だ！」と、信仰心が湧いてくる気がします。そしてこの光景を見ると、「出産文土器」が連想されてならないのです。

続いていく丸石神への祈り

現在の丸石神信仰は、山梨県内に際立って濃く伝わっているものですが、古くは全国的にポピュラーな信仰だった可能性があります。平安後期に描かれた『信貴山縁起絵巻（しぎさんえんぎえまき）』には、路傍の祠の脇に丸石を祀る様子が描かれており、少なくともこの頃には今と同じようなスタイルで祀られていたことがわかります。

なぜ山梨県にだけ丸石神信仰が継承されたのかはわかりません。謎だらけですが、「丸石を祀る」風習が絶え間なく続けられてきたことだけは事実です。丸石は縄文以来のものだけでなく、新たに拾ってきたもの、新しく造られたものもあります。いずれにしても甲斐の人々にとって、丸石は今も昔も「祀りたくなる」存在だということは、確かなことなのです。諏訪の御柱と同じように、街角に佇む丸石神を通して、甲州に流れる縄文からの長い時に思いを巡らせてみましょう。

◀「志貴山縁起」（鳥羽僧正覚猷画）に登場する丸石。
出典：国立国会図書館デジタルコレクション
https://dl.ndl.go.jp/pid/2574278
（参照 2023-08-11）

河口浅間神社

南都留郡富士河口湖町

日本最大・最高の霊山と縄文神社

縄文神社に巡礼していると、神社近くの霊山の遠景に富士山が見えるということがよくあります。富士山の威容はどんなに小さくても一目でわかります。私はそんな光景を見つけては、「東国を統べるのは、やっぱり富士山だなあ」と何度も思いました。霊山の信仰圏は、その山容が見える範囲なのではないでしょうか。そして関東から信州・甲州地方の〝縄文神社〟地域は、富士山の影響下にあると思うのです。

そんな経験からして、富士山の近くには〝縄文神社〟があるだろうと考えていました。富士山山麓には富士山を御神体とする「浅間神社」(62)が数多く鎮座しています。ひょっとしたらそのすべてが〝縄文神社〟かもしれないぞ……と、ウキウキしながら縄文遺跡を確認して、はっとなりました。富士山は現役の活火山。度重なる噴火によって、多くの遺跡は埋没しています。そのために断絶が生じ、神社との継続性については、難しいとしか言いようがないのです。

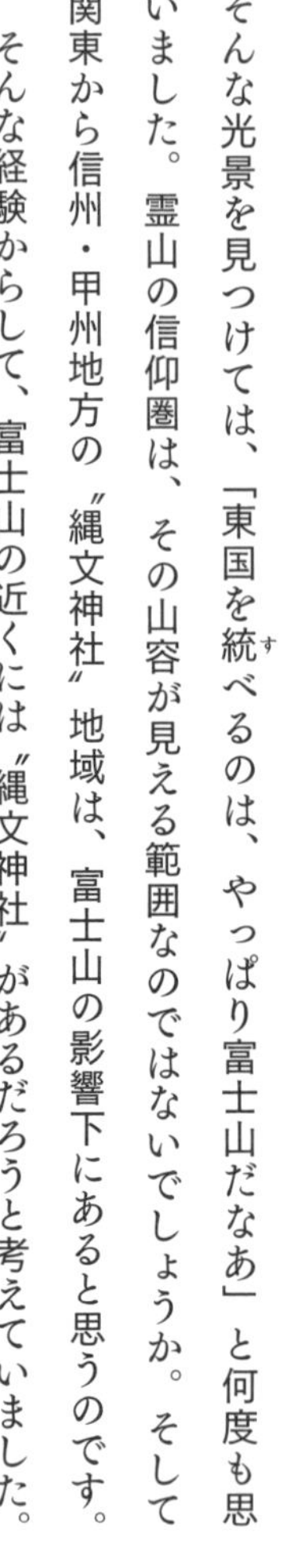

(62) 古くは「あさま」、中世以降は「せんげん」と読む。浅間神は火山神と考えられる。総本宮は、静岡県富士宮市に鎮座する富士山本宮浅間大社（駿河国一宮・名神大社）。甲斐国の名神大社とされる浅間神社は、甲斐一宮で笛吹市に鎮座する浅間神社、河口浅間神社、西八代郡に鎮座する一宮浅間神社が論社とされる。

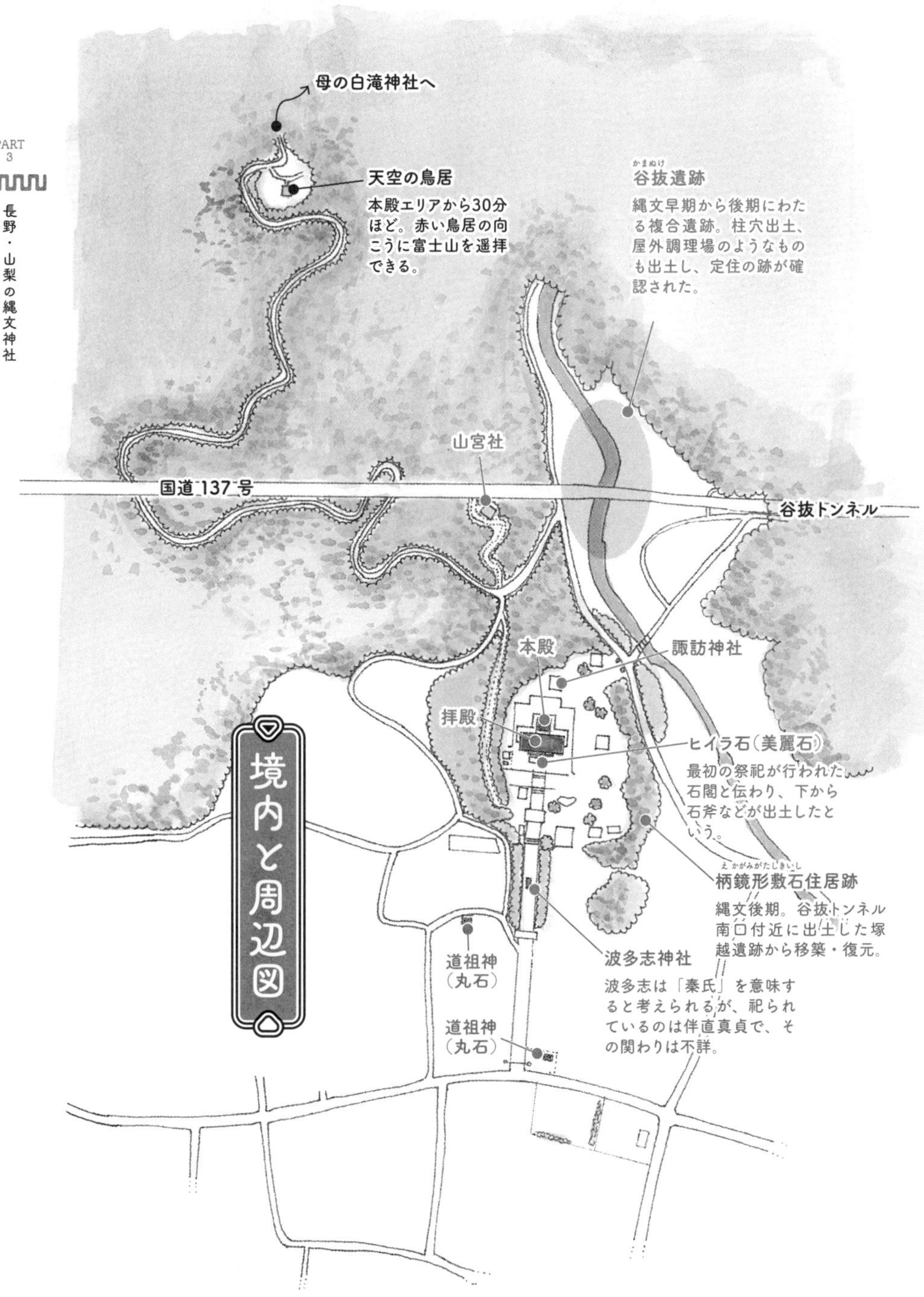
境内と周辺図
母の白滝神社へ
天空の鳥居
本殿エリアから30分ほど。赤い鳥居の向こうに富士山を遥拝できる。
谷抜遺跡
縄文早期から後期にわたる複合遺跡。柱穴出土、屋外調理場のようなものも出土し、定住の跡が確認された。
山宮社
国道137号
谷抜トンネル
本殿
諏訪神社
拝殿
ヒイラ石（美麗石）
最初の祭祀が行われた石閣と伝わり、下から石斧などが出土したという。
柄鏡形敷石住居跡
縄文後期。谷抜トンネル南口付近に出土した塚越遺跡から移築・復元。
波多志神社
波多志は「秦氏」を意味すると考えられるが、祀られているのは伴直真貞で、その関わりは不詳。
道祖神（丸石）
道祖神（丸石）

しかし、その中で例外を発見しました。それが、河口湖畔に鎮座する河口浅間神社と富士御室浅間神社、そして河口湖に浮かぶ小島に鎮座する鸕鷀嶋（うのしま）神社です。

「貞観（じょうがん）大噴火」で建立されたお社

河口浅間神社は、河口湖から約１・５キロメートルほど離れた御坂山地（みさかさんち）の山裾に鎮座しています。この一帯は、富士山とは河口湖を挟んだ対岸にあたるため、溶岩流などの影響を受けにくかった土地で、縄文以降の遺跡が確認されています。境内の調査は行われていないとのことですが、土器などが表面採集されるそうです。東側を流れる寺川を挟んだ向かいの土地に谷抜（かまぬけ）遺跡が確認されているので、同じように、人の暮らしがあったのではないかと想像されます。

縄文時代の富士山の火山活動は活発で、この１０００年余で最大の「貞観大噴火」（８６４）に匹敵する大噴火が約76年に1度のペースで起きていたそうです。まさに火を噴く山で、恐ろしい情景が広がっていたのではないかと思いますが、そんな光景を目の当たりにしつつもこの地に人々が住んでいたのは、河口湖という水源と、実り豊かな御坂山地があったからでしょう。

貞観の噴火では、富士山北麓にあった広大な湖・剗（せ）の海と本栖湖に溶岩流が流れ込み、多くの民家とともに大部分が埋まってしまいました（『日本三代実録』）。その後も噴火は収まらず、朝廷は、富士山の神・浅間明神を祀って鎮めるようにと、命じました。そうして創祀されたのが、河口浅間神社と伝わります。確かにこの位置ならば、とりあえずは安全でしょう。荒れ狂う富士山を近くから祀る、ギリギリのラインかもしれません。

遡って縄文の人々がこの地に住んだのも、同じような理由だったのではないでしょうか。それほど富士山への畏敬心は、恐怖心を凌駕していたのではないかと思います。

波多志神と石棒

1100年を超える御神木が林立する境内は、心に染み入るような優しい雰囲気に溢れています。樹齢800年という杉の巨木の木陰にのびる参道の中央に、ポツンと小さなお社が鎮座しています。拝礼してからよく見てみると、祠の中に巨大石棒が祀られているではありませんか。私は驚いて何度ものぞき込んでしまいました。

石棒が神社にお祀りされている様子は、これまでもたくさん見てきましたが、本殿の正面に祀られている例は他に知りません。調べてみると、このお社は波多志神社と言い、創祀者の伴直真貞が祀られているとありました。

貞観の大噴火の際、朝廷は卜筮を行いました。するとこの大噴火は、駿河浅間明神（現富士宮市）神職の怠慢によるとされ、また八代郡擬大領(63)である伴直真貞に浅間

(63) 大領は郡司（地方官）における最高の地位で、長官にあたる。擬大領（擬任された大領）は、正式任命ではないが、国司が推薦して実務を担当させることをいう。

参道の中央に鎮座する波多志社

明神が神がかりをして、「甲斐国で斎祀されたいと思ってこの大噴火を起こした。早く神社を定め、自分を奉斎せよ」と託宣したと伝わります。

伴直真貞は甲斐国造家の一族に属した地元の豪族であったと思われますが、「神がかりをした」ということは、神を降ろす才能を持つ人だったことを意味します。あくまでも想像ですが、浅間神の子孫(64)のような血筋の人だったのではないでしょうか。縄文の石棒は、先祖崇拝祭祀で祖霊を降ろす装置ではないかと、私は考えているのですが、その石棒が真貞さんの名で祀られているとは……。偶然ですが、できすぎです。

(64)子孫に奉斎するよう求める神の話は、大和の大神神社の物語を連想させる。大物主大神も天皇に祟り、自分の子孫(大田田根子)を探し出して祀らせるよう託宣し、大神神社創始となった。

ひそかに漂うミシャグジの気配

参道の先に現れる社殿は清楚な雰囲気で、どことなく女性的な感じがします。浅間神社の御祭神は浅間大神（あさまのおおかみ）であり、中世以降には木花開耶姫命（このはなさくやひめのみこと）とされます。山の神は女神とされることが多いのですが、道祖神研究で知られる民俗学者・伊藤堅吉さんの著作『富士山御師』に気になる記述を見つけました。

「河口浅間神社の神体は、女陰形をした石神であると洩れ聞いている。とまれ石体であることは社伝にも記録されている（後略）」。

女陰形の石とは窪みのある石（陰石）のことで、陽石（男石、金精神）と対（つい）として祀られ、陰陽石と呼ばれます。陰陽石は特に江戸時代に盛んに信仰されました。そして縄文時代の石棒が「陽石」、同じく縄文時代の石皿が「陰石」として祀られることもあったようです。190ページでお伝えしたように、ミシャグジの総社である御頭御社宮司総社の祈禱殿では、石皿と石棒が御神体でした。参道に石棒が祀られている事実からすると、御神体の石神も石皿である可能性があるのではないでしょうか。

そんなことを考えながら縄文の痕跡に思いを馳せていると、氏子総代の梶原光政さんが、「縄文ゆかりのものがもう一つありますよ」と教えてくださいました。

なんと「柄鏡形敷石住居跡（えかがみがたしきいしじゅうきょあと）」が、境内に復元されているというのです(65)。敷石住居は祭祀目的と考えられることの多い遺構です。近くの遺跡から移築したとのことで、

(65)（写真提供：梶原光政氏）

境内に出土したものではありませんが、この地域に縄文から人々の祈りと暮らしがあったことを、私たちに教えてくれます。

丸石神と立柱祭祀

そしてもう一つ見逃せないのが、同地区で毎年1月14・15日に行われる「道祖神祭」です。道祖神というのは、鳥居の右手と、左手の消防団詰所前駐車場の片隅にお祀りされている「丸石」のこと。「道祖神祭」(66)では、高さ20メートルにも及ぶ杉の御神木を山から伐り下して、この丸石の近くに建てるんだそうです。

「山から御神木を伐り出してきて建（立）てる」という流れには、どうしても「御柱」が連想されます。諏訪の御柱と直接関係があると言い切れませんが(67)、太古から存在していた立柱祭祀が、姿を変えて継承されていると考えていいでしょう。

このように、河口浅間神社とその周辺には、縄文の祈りを想像するよすがが、実にたくさん残されており、縄文から連綿と紡がれてきた富士山への信仰を、今に感じることができます。噴火でよくわからなくなっていますが、富士山周辺には河口浅間神社のような祈りの場所がたくさんあったことでしょう。そんなことを、河口浅間神社を通じて想像することもできます。

そして、途中に断絶があったとしても、その祈りは各地の浅間神社に継承されてい

(66) 地元では「御神木建て」と呼ぶ。

(67) 境内の諏訪神社は「オスワさん」と呼ばれて格別に崇敬されているという、諏訪信仰とのつながりが想像される。毎年9月11日に祭礼が行われ、相撲が奉納される。

るのです。やはり、富士山はどの時代においても、畏れられつつ憧れられる最高・最強の神様なのだと、改めて思うのです。

参道入口横の道祖神（上）と消防団詰所前駐車場の側の道祖神（下）

鸕鷀嶋(うのしま)神社

富士河口湖町

富士五湖唯一の島は縄文以来の聖地

鸕鷀嶋神社が鎮座する「鵜の島」は、河口湖に浮かぶ富士五湖唯一の島です。河口湖が形成されたのはいつなのか定かではありませんが、縄文時代にも河口湖はあったと推測され、鵜の島も存在していたと考えられます。噴火の直接的影響を受けなかったため、縄文早期以降の遺物が出土し、石剣なども確認されているので、何らかの祭祀が行われていたのでしょう(68)。また関東や信州、関西地方の紋様を示す土器も出土していることから、遠方にも聖地として広く知られていた可能性があります。

湖に浮かぶ島は、信仰されやすいということもありますが、岸からそれほど離れていないのに噴火の影響を受けなかったことも、聖なる島として信仰された要因かもしれません。コロンと可愛い鵜の島は親しみやすい雰囲気で、すぐにでもお参りしたい気持ちになりますが、公共交通機関がないため、簡単にお参りできないのです。ただ年に1度の例大祭には、対岸の大石地区から船が出て、渡ることができるそうです。

(68) 鵜の島遺跡。西北寄りの位置に早期(茅山式、花積下層式)や前期の遺物、南側の斜面に晩期の遺物が出土している。山梨県最古の弥生文化の痕跡とされる弥生前期の貝殻条痕系土器(前期の水神平式土器か)も出土している。

富士御室浅間神社

富士河口湖町

富士山と河口湖と鵜の島への祈り

河口湖南岸に位置する勝山地区は、富士山の噴火の影響を受けやすい場所です。特に縄文後期に溶岩が流下して細長い台地を形成しましたが、その溶岩流に覆われなかった場所に縄文遺跡(69)が確認されています。その地に富士御室浅間神社が鎮座しているのです。

富士山最古とされる699年の創建当初、本殿は富士山二合目に奉斎され、その後も噴火の度に再建されましたが、昭和48年に現在の里宮に移築されました。

里宮の右手から河口湖の湖岸へと下りると、鵜の島に相対しました。不思議なのは、里宮の拝殿が鵜の島(河口湖)の方を向いていて、お参りすると富士山に背を向ける形になること。ひょっとしたら、古い時代の里宮は、河口湖と鵜の島を拝する意味合いもあったのではないでしょうか。縄文時代にもこの地点に、鵜の島を遥拝する場所があったのではないかと、想像を巡らせます。

再び境内に戻ると、静謐な空気にほっとします。富士山の噴火を越え、時をつないできたこの地はまさに奇跡の場所。ありがたい気持ちで胸がいっぱいになりました。

(69) 里宮境内遺跡。縄文前・中期の土器片や磨製石斧などが出土している。

おわりに

太平洋の大海原に臨む茨城県から、日本一の霊山・富士山の足元の山梨県まで、駆け足でご紹介してきました。

「あのお社はどうした!?」という声が、聞こえてくるような気がしています。実は書いている私自身、そう思うのです。というのも、前作以降に参拝した神社は、２０５社。なのに、今回ご紹介できたのは64社。これではご紹介しきれているとは、とうてい言えません。

お参りしたお社には、有名なお社も地元の皆さんが大切に祀られている小さなお社もあります。突然外からやってきて、「縄文神社」なんて言われても、困らせてしまうだろうと思っていましたが、ありがたいことに、面白いね！と、温かく受け入れてくださいました。また、お参りする際には、必ず地元の資料館や図書館を訪ねて、地域や神社の歴史、縄文の遺物や遺跡について勉強するのですが、各館の方々が、実に親身に応対してくださいました。一人で各地を歩いていると、そんな優しさが、何より心に沁みます。

素晴らしい神社と縄文文化、そして優しい地元の皆様との出会い。そのすべてが何よりの得がたい体験でした。そんな体験や、教えていただいたことすべてをご紹介できたらいいのですが、ページ数の限界もあり、まさに断腸の思いながら、今回はここで筆をおこうと思います。

そして、そんな日々を越え、ささやかながら私の夢、希望が生まれました。発掘、研究されている考古学者の皆様、そして丁寧に保管をし、展示をされている資料館・博物館や図書館の皆様。また、神社を守り、祭祀を続けておられる神職の皆様とお参りする私たちが、お互いの存在を改めて認識し、感謝を伝え合えたらいいな、ということです。そういう意味でも「縄文神社」は、いろいろな立場の人をつなぐ言葉になりうるのではないかと期待しています。

最後になりますが、取材、掲載をお許しくださった神社や地元の皆様。各地の教育委員会、資料館、博物館、図書館の皆様、研究者の皆様に改めて御礼申し上げます。

そして、縄文神社というコンセプトを面白いと、背中を押してくださった山田智子さん。いつも親身に相談に乗ってくださる山本洋之さん。知識不足の私に助言をくださる兄貴分の本田不二雄さん。そして丁寧な校正で支えてくださった内藤栄子さん。素敵なデザインでまとめてくださったアフターグロウさん。精緻な地図を作成してくださったWオフィスさん。タイトなスケジュールの中、DTP修正をしてくださった中央精版印刷さんとビーワークスさん。取材に同行し、編集を担当してくださった双葉社の山上輝代範さんに、御礼申し上げます。

今後は、関東甲信地方の未踏の神社に参拝しながら、長野県北部から新潟県、静岡県、愛知県、そして関西、九州地方へと、さらに範囲を広げて巡拝していこうと思っています。お参りすればするほど、訪ねたい土地、お参りしたい縄文神社が無限に増えていく……。深すぎる世界におののきながらも、嬉しい悲鳴を上げる日々ですが、体が続く限り、巡拝を続けてまいります。その様子は「縄文神社.jp」（https://jomonjinja.jp/）にもアップしてまいりますので、ぜひそちらものぞいてみてください。

ありがたいことに、読者の皆様から各地の縄文神社情報をいただいたり、お声がけをいただくことも増えました。これからも縄文神社で、皆様にお目にかかれる日を楽しみにしております。

晩秋の晴天の日に

武藤郁子

〔掲載神社リスト〕

【茨城県】

鹿島神宮
〒314-0031
茨城県鹿嶋市宮中 2306-1

跡宮
〒314-0037
茨城県鹿嶋市神野4丁目1-12

坂戸神社
〒314-0045
茨城県鹿嶋市山之上228

沼尾神社
〒314-0041
茨城県鹿嶋市大字沼尾1298

塩釜神社
〒314-0042
茨城県鹿嶋市田野辺196

御岩神社
〒311-0402
茨城県日立市入四間町752

泉神社
〒316-0024
茨城県日立市水木町2-22-1

大甕神社
〒319-1221
茨城県日立市大みか町6-16-1

大宝八幡宮
〒304-0022
茨城県下妻市大宝667

折居神社
〒311-1114
茨城県水戸市塩崎町折居1

野爪鹿嶋神社
〒300-3518
茨城県結城郡八千代町野爪430

若海香取神社
〒311-3502
茨城県行方市若海455

【栃木県】

藤岡神社
〒323-1104
栃木県栃木市藤岡町藤岡3976

中根八幡神社
〒329-0319
栃木県栃木市藤岡町中根330-1

祖母井神社
〒321-3304
栃木県芳賀郡芳賀町祖母井749

押原神社　〒322-0045　栃木県鹿沼市上殿町875

鹿嶋神社（玉田町）　〒322-0072　栃木県鹿沼市玉田町831

板倉神社　〒326-0102　栃木県足利市板倉町436

【群馬県】

一之宮貫前神社　〒370-2452　群馬県富岡市一ノ宮1535

荒船神社　〒370-2626　群馬県甘楽郡下仁田町南野牧8786

中野谷神社　〒379-0125　群馬県安中市中野谷3069

中原生品神社　〒379-2301　群馬県太田市藪塚町2258

三島神社　〒379-2301　群馬県太田市藪塚町1043

赤城神社（三夜沢）　〒371-0247　群馬県前橋市三夜沢町114

赤城神社（二宮）　〒379-2117　群馬県前橋市二之宮町886

近戸神社（月田）　〒371-0203　群馬県前橋市粕川町月田1261

赤城神社（大洞）　〒371-0101　群馬県前橋市富士見町赤城山4-2

木曽三社神社　〒377-0061　群馬県渋川市北橘町下箱田甲1

【東京都】

明治神宮　〒151-8557　東京都渋谷区代々木神園町1-1

渋谷氷川神社　〒150-0011　東京都渋谷区東2丁目5-6

代々木八幡宮　〒151-0053　東京都渋谷区代々木5丁目1-1

上目黒氷川神社　〒153-0044　東京都目黒区大橋2丁目16-21

神明山天祖神社　〒143-0023　東京都大田区山王2丁目8-2
熊野神社　〒143-0023　東京都大田区山王3丁目43-11
諏方神社　〒116-0013　東京都荒川区西日暮里3丁目4-8
池袋氷川神社　〒170-0011　東京都豊島区池袋本町3丁目14-1

【埼玉県】

高負彦根神社　〒355-0167　埼玉県比企郡吉見町田甲1945
三ヶ尻八幡神社　〒360-0843　埼玉県熊谷市三ケ尻2924

【千葉県】

石神神社　〒297-0058　千葉県茂原市石神422
三輪茂侶神社　〒270-0175　千葉県流山市三輪野山619
駒木諏訪神社　〒270-0132　千葉県流山市駒木655

【神奈川県】

長尾神社　〒214-0023　神奈川県川崎市多摩区長尾3丁目10-1
野川神明社　〒216-0041　神奈川県川崎市宮前区野川本町3丁目10-1
橘樹神社　〒213-0023　神奈川県川崎市高津区子母口122

【長野県】

諏訪大社（上社前宮）　〒391-0013　長野県茅野市宮川2030
御頭御社宮司総社　〒391-0013　長野県茅野市宮川389
諏訪大社（上社本宮）　〒392-0015　長野県諏訪市中洲宮山1
諏訪大社（下社春宮）　〒393-0092　長野県諏訪郡下諏訪町193
諏訪大社（下社秋宮）　〒393-0052　長野県諏訪郡下諏訪町5828

千鹿頭神社（有賀）　〒392-0016 長野県諏訪市豊田字宮垣3903

蓼宮神社　〒392-0131 長野県諏訪市湖南7230

習焼神社　〒392-0131 長野県諏訪市湖南野明沢4493

北方御社宮司社　〒392-0131 長野県諏訪市湖南字砥沢2993

南方御社宮司社　〒392-0131 長野県諏訪市湖南字道上2099

津嶋神社　〒394-0035 長野県岡谷市天竜町9

洩矢神社　〒394-0045 長野県岡谷市川岸東1丁目12-20

小野神社　〒399-0651 長野県塩尻市北小野175-1

矢彦神社　〒399-0601 長野県上伊那郡辰野町大字小野字八彦沢3267

池生神社　〒399-0101 長野県諏訪郡富士見町境池袋7248-1

【山梨県】

駒ヶ岳神社　〒408-0315 山梨県北杜市白州町白須8884-1

津金諏訪神社　〒407-0322 山梨県北杜市須玉町下津金2960

河口浅間神社　〒401-0304 山梨県南都留郡富士河口湖町河口1

鸕鷀嶋（うのしま）神社　〒401-0304 山梨県南都留郡富士河口湖町大石2584

冨士御室浅間神社　〒401-0310 山梨県南都留郡富士河口湖町勝山3951

〔主な参考文献〕

『茨城県史料　考古資料編　先土器・縄文時代』茨城県史編さん第一部会原始古代史専門委員会編（茨城県）
『茨城県遺跡地名表』茨城県教育委員会（茨城県教育委員会）
『鹿嶋市史　地誌編』鹿嶋史編さん委員会編（鹿嶋市）
『図説　鹿嶋の歴史　原始・古代編』森下松壽ほか編（鹿嶋市文化スポーツ振興事業団）
『鹿島町の文化財第11集　沼尾原遺跡』沼尾原遺跡調査団編（茨城県鹿島町沼尾原遺跡発掘調査会）
「要石—その信仰と伝承と科学性について」此松久興・矢作幸雄（『鹿島史叢　第23号』鹿嶋市文化財愛護協会編・発行）
「へそのある大型石棒」鈴木素行（『ひたちなか埋文だより第45号』公益財団法人ひたちなか市生活・文化・スポーツ公社編（ひたちなか市埋蔵文化財調査センター）
『日立市史』日立市史編さん会編（日立市役所）
『御岩山』志田諄一監修・山椒の会編（筑波書林）
『日本の古代遺跡36　茨城』茂木雅博（保育社）
『下妻市史』下妻市史編さん委員会（下妻市）
『栃木県史　通史編　原始・古代』栃木県史編さん委員会（栃木県）
『栃木県史　資料編　考古二』栃木県史編さん委員会編（栃木県）
『芳賀町史　通史編　原始古代・中世』芳賀町史編さん委員会編（芳賀町）
『鹿沼市史　通史編』鹿沼市史編さん委員会編（鹿沼市）
『鹿沼市遺跡分布地図』鹿沼市教育委員会（鹿沼市）
『栃木県埋蔵文化財調査報告第１９７集　藤岡神社遺跡　遺物編』栃木県文化振興事業団埋蔵文化財センター編（栃木県教育委員会）
『栃木県埋蔵文化財調査報告第１９７集　藤岡神社遺跡　本文編』とちぎ生涯学習文化財団埋蔵文化財センター編（栃木県教育委員会）
『藤岡町史　通史編　前編』藤岡町史編さん委員会編（藤岡町）
「遺跡報告　栃木県栃木市中根八幡遺跡における環状盛土遺構の調査」中村耕作ほか（日本考古学協会）

『明神前遺跡　発掘調査概要報告書』鹿沼市教育委員会（鹿沼市教育委員会）
『近代足利市史　3巻　史料編　原始・古代・中世・近世』足利市史編さん委員会編（足利市）
『群馬県史 通史編1　原始古代1』群馬県史編さん委員会編（群馬県）
「一之宮貫前神社調査報告書」群馬県教育委員会編（群馬県教育委員会）
『富岡市史　自然編　原始・古代・中世編』富岡市市史編さん委員会編（富岡市）
『上野国一の宮国幣中社貫前神社社誌』貫前神社社務所編（国幣貫前神社社務所）
「貫前抜鋒両神社の研究」尾崎喜左雄（『群馬大学紀要　人文科学編　第13巻』群馬大学発行）
『群馬県遺跡台帳2 西毛編』群馬県教育委員会編（群馬県教育委員会）
『をちこちの山』深田久弥（山と溪谷社）
『縄文人の石神：大形石棒にみる祭儀行為』谷口康浩編（六一書房）
図録『ストーンツールズ　縄文石器の世界』安中市ふるさと学習館編（安中市教育委員会学習の森）
『神道考古学論攷』大場磐雄（葦牙書房）
『宮城村誌』宮城村誌編集委員会編（宮城村）
「赤城山櫃石と群馬の祭祀遺跡」井上唯雄（『群馬文化　第192号』群馬県地域文化研究協議会編、群馬県地域文化研究協議会発行）
『勢多郡誌』勢多郡誌編纂委員会編（群馬県文化事業振興会）
『群馬の地名　下巻』尾崎喜左雄（上毛新聞社）
『粕川村誌』粕川村誌編纂委員会編（粕川村）
『北橘村誌』北橘村誌編纂委員会編（北橘村）
『渋谷区史』東京都渋谷区編（東京都渋谷区）
『目黒区史　本編　第3版』東京都立大学学術研究会編（東京都目黒区）
『東京都埋蔵文化財センター調査報告第297集、第348集　目黒区氷川遺跡』東京都スポーツ文化事業団東京都埋蔵文化財センター編
（東京都スポーツ文化事業団東京都埋蔵文化財センター）

『新修　荒川区史　上巻』荒川区役所編（荒川区役所）
『豊島区史　通史編　1』豊島区史編纂委員会編（東京都豊島区）
『大田区の文化財第32集　大田区の縄文貝塚』東京都大田区教育委員会社会教育部社会教育課文化財係編（大田区教育委員会）
『吉見町史　上巻』吉見町史編さん委員会（吉見町）
『熊谷市史　資料編1　考古』熊谷市教育委員会（熊谷市）
『熊谷市三ヶ尻遺跡調査会埋蔵文化財調査報告書　三ヶ尻遺跡』熊谷市三ヶ尻遺跡調査会編（熊谷市三ヶ尻遺跡調査会）
『埼玉県埋蔵文化財調査事業団報告書第23集　上越新幹線埋蔵文化財発掘調査報告Ⅵ　三ヶ尻天王・三ヶ尻林（1）』埼玉県埋蔵文化財調査事業団編（埼玉県埋蔵文化財調査事業団）
『千葉県の歴史　資料編　考古1（旧石器・縄文時代）』『千葉県の歴史　資料編　考古4（遺跡・遺構・遺物）千葉県史料研究財団編（千葉県）
『郷土資料館企画展図録　茂原市の貝塚』茂原市立美術館・郷土資料館編（茂原市立美術館・郷土資料館）
『ふるさと茂原のあゆみ』茂原市長公室企画課編（茂原市）
「上総国下埴生郡に石器時代の遺跡あり（圖入）」鳥居龍蔵（『東京人類學會雑誌　第八十号』）
『流山市三輪野山遺跡群発掘調査概要報告書』流山市教育委員会編（流山市教育委員会）
『川崎市史　通史編1』川崎市編（川崎市）
『長尾妙楽寺北遺跡』三輪孝幸（日本窯業史研究所）
『川崎市高津区長尾鯉坂遺跡の発掘調査概報』川崎市教育委員会編（川崎市教育委員会）
『長野県史　考古資料編』長野県編（長野県史刊行会）
『諏訪市史　上巻　原始・古代・中世』諏訪市史編纂委員会編（諏訪市）
『諏訪市の遺跡』諏訪市教育委員会編（諏訪市教育委員会）
『神長官守矢史料館周辺ガイドブック』茅野市神長官守矢史料館編（茅野市神長官守矢史料館）
『神長官守矢史料館のしおり』茅野市神長官守矢史料館編（茅野市神長官守矢史料館）
『前宮遺跡　令和元年度　前宮水眼広場整備に伴う埋蔵文化財発掘調査報告書』茅野市教育委員会編（茅野市教育委員会）

『諏訪市博物館研究紀要2　第21回企画展「アジアの柱祭りと諏訪の御柱」講演録』諏訪市博物館編（諏訪市博物館）
『諏訪市博物館研究紀要5　「諏訪信仰と御柱祭」～平成22年講演会・シンポジウムの記録～』諏訪市博物館編（諏訪市博物館）
『御柱祭と諏訪大社』上田正昭・大林太良・五来重・宮坂光昭・宮坂宥勝（筑摩書房）
『古代諏訪とミシャグジ祭政体の研究』『古諏訪の祭祀と氏族』『諏訪信仰の発生と展開』古部族研究会編（人間社）
『縄文土偶ガイドブック』三上徹也（新泉社）
『縄文のメドゥーサ』田中基（現代書館）
『下諏訪町誌　上巻』下諏訪町誌編纂委員会編（甲陽書房）
『下諏訪町の埋蔵文化財：遺跡詳細分布調査報告書』下諏訪町教育委員会（下諏訪町教育委員会）
「曽根遺跡からみた諏訪湖の水位変動」小口徹（『諏訪郡史研究紀要　第十二号』諏訪郡史編纂部編、社団法人諏訪教育会発行）
『塩尻市誌　第二巻　歴史』塩尻市誌編纂委員会編（塩尻市）
『辰野町誌　歴史編』辰野町誌編纂専門委員会編（辰野町誌刊行委員会）
『小野神社誌』小野神社資料館運営委員　横澤洪編（小野神社資料館運営委員会）
『山梨県史　通史編1』山梨県編（山梨県）
『甲府市史調査報告書4　甲府の石造物』甲府市史編さん委員会編（甲府市）
『石にやどるもの　甲斐の石神と石仏』中沢厚（平凡社）
『富士山御師』伊藤堅吉（図譜出版）
『山梨県埋蔵文化財センター調査報告書　第247集　滝沢遺跡・疱橋遺跡・谷抜遺跡』山梨県埋蔵文化財センター編（山梨県教育委員会）
『勝山村史　上巻』勝山村史編纂委員会（勝山村役場）
『河口湖町史』萱沼英雄（河口湖町）
『平成28年度ふじさんミュージアム企画展　縄文人が目撃した富士山噴火』ふじさんミュージアム編（ふじさんミュージアム）

武藤郁子　むとう・いくこ

1973年埼玉県生まれ。神仏や歴史を偏愛し、土器の欠片を探すなど、縄文人に憧れる少女時代を送る。立教大学社会学部産業関係学科卒業後、出版社に入社し、単行本編集に従事。独立後、2011年にありをる企画制作所を設立。現在、ベストセラー作家の時代・歴史小説やエッセイなどの編集に携わりつつ、「場」に残された古い記憶や、本質的な美を探し求め、執筆を続けている。WEBサイト「ありをりある.com」と「縄文神社.jp」を運営。著書に『縄文神社　首都圏篇』（飛鳥新社刊）、共著『今を生きるための密教』（天夢人刊）がある。

・本書は書き下ろし作品です。

縄文神社　関東甲信篇

2023年12月23日　第1刷発行

著者	武藤郁子
発行者	箕浦克史
発行所	株式会社双葉社 東京都新宿区東五軒町3−28　郵便番号162−8540 電話03−5261−4818〔営業〕 03−5261−4833〔編集〕 http//www.futabasha.co.jp/（双葉社の書籍・コミック・ムックが買えます）
印刷所	中央精版印刷株式会社
製本所	中央精版印刷株式会社
装幀・本文デザイン・組版	AFTERGLOW
地図制作	Wオフィス
DTP修正	ビーワークス
イラスト・境内図・周辺図・写真	武藤郁子
校正	内藤栄子
編集	山上輝代範（双葉社）

落丁・乱丁の場合は送料双葉社負担でお取り替えいたします。「製作部」あてにお送りください。

ただし、古書店で購入したものについてはお取り替えできません。

［電話］03−5261−4822（製作部）

定価はカバーに表示してあります。

ISBN978-4-575-31836-4 C0076